# 首富馬雲

# 為什麼考10名左右的孩子容易成功

鄭陽 著

# 目錄
CONTENTS

## 第三章 「教」是知識，「育」是機遇／75



## 第四章 給怯懦多一點鼓舞，境遇靠行動改變／113

# 目錄

CONTENTS

# 前言

如「教育」，顧名思義，前指教書，後指育人，二者本是一體，不可分割。但是著名企業家、阿里巴巴集團創始人馬雲，從他自己多年的從教經歷出發，看到了當今「教」和「育」的分離。

在馬雲眼中，「教」和「育」的區別在哪裡？為什麼馬雲會說，「育」做得遠遠不夠呢？為什麼在馬雲眼裡，考十名左右的學生，最容易成功？

馬雲，他的成長，就是一個從平淡無奇到出奇制勝的過程。馬雲從小身體瘦弱、相貌平庸、資質平平，沒有誰會注意他，更沒有誰會認為他將來能夠出人頭地。

馬雲在總結自己的「學習」經驗時說：「我在班裡面不是前三四名，也不會跌到十名以外，我考九十一分，努力考九十四分、九十五分也有可能，那樣我花的時間就太多了。但是我花時間跟別人玩，學到的更多，所以『教』和『育』是兩個概念。當然我們現在對於老師、對於學校的期望值太大，教的主體是老師、學校，但是育的主體是家庭，家長得參與進來，老爸看到孩子不對的地方，有沒有拍桌子呢？子不教父之過，父母也很重要，你對孩子要帶著欣賞。」

馬雲精於西方企業的運作方式，重視企業文化建設。他經常看歷史書、軍事書，並能引經據典、靈活運用，用歷史上成功戰役的案例來指導阿里巴巴一場又一場的「商戰」。他擅長用文化為企業打下根基，也便有了「六脈神劍」，即客戶第一、擁抱變化、團隊合作、誠信、激情、敬業這六條價值觀。

與眾不同的是，阿里巴巴的價值觀不僅僅停留在宣傳教育的層面，而且落實在管理制度上。馬雲宣導簡單的企業文化，使文化落地，成為執行本身，形成有遠見、有內涵、有創意的執行。

關於他的用人原則，馬雲語出驚人：「我招聘的時候，不太喜歡一個班裡面從小到大是前三名的學生，前三名的學生進入工作崗位，失敗機率實在太大。他覺得我就是最好的，我出來也得最好，一點挫折他就掉下去了，社會上不吃這一套。而往往最好的學生是什麼呢？十名左右，讀書不是很用功，他搞來搞去就是十名左右。」

馬雲這樣看待「教」和「育」。他說：「小學的時候，教很重要，育更重要。小學、初中、高中、大學本科，是要有規律的，小學的孩子，必須要有舞蹈、音樂、運動。小學的時候，我們要教的是價值觀，一定要教他怎麼學會做人；小學的時候，孩子求知欲很強，必須讓他學會玩。初中該記的時候就記，那是記憶力最強的時候。」

「到了高中的時候，很容易迷茫，考什麼大學？考什麼專業？到底要幹什麼？所以高中要培養興趣，高中的時候，一定要讓年輕人找到未來感興趣的東西，他找不到，就鼓勵他，『沒關係，有一天你會找到』。然後到了大學，學的是知識結構，研究生要研究的是方向，博士學習哲學的思考，宗教和信仰的力量，這些都是貫穿的。」

「我特別鼓勵孩子要會玩，最聰明的孩子既會玩，也會讀書；其次是會玩，未必會讀書。會讀書不會玩很麻煩。」

馬雲還透露，他招過幾萬名年輕人，招聘下來發現一個很有意思的問題——「這些有出息的孩子，小時候都特別會玩，都特調皮。調皮的孩子容易成功，但是調皮的孩子不討老師喜歡，『這個孩子怎麼這麼調皮』，一頓罵，活活把他的天性扼殺住。」

……

這種種，不得不引起父母以及老師們的深思。

本書以馬雲的經典語錄點題，以精闢的關鍵字高度概括，結合他本人以及商業史上的經典案例，剖析他的教育觀念和人生價值觀念，希望能對處於迷茫期的孩子們有所幫助，能給孩子們的父母一個全新的啟迪，廣大讀者們能夠從中汲取智慧和精華，洞悉這位知名企業家的人生理念、教學理念——成長，真的比成功更重要！

# [第一章]

# 考10名沒關係，誰沒有迷茫過

馬雲：「我經常跟年輕人講，他說我現在很迷茫，我說我比你迷茫的事情多得去了，我五十歲了，現在還在迷茫呢。把這些東西跟他講一講，他覺得我跟他是同類。誰沒有迷茫過，誰沒有犯過錯誤，誰對未來永遠是充滿自信的？」

# 1 心繫夢想，人生不孤獨

人可以十天不喝水，七八天不吃飯，兩分鐘不呼吸，但不能失去夢想一分鐘。沒有夢想比貧窮更可怕，因為這代表著對未來不抱希望。一個人最怕不知道自己要幹什麼，有夢想就不在乎別人罵，知道自己要什麼，最後才會堅持下去。

——馬雲

古人云：「人之無成，不在無能，唯在無志。」一切偉大的人，追溯其偉大的原因，排在第一位的往往是他擁有夢想；相反，一切平凡的人，其平凡的原因，排在第一位的多半是他沒有夢想。可見，夢想對於一個人的未來起到了主導性的作用。這是一個亙古不變的成功哲理：有志者，事竟成！

馬雲曾在一次簡短演講中說道：「作為一個創業者，首先要給自己一個夢想。」給自己一個夢想的重要性體現在哪兒？如果你是一個對人生無所謂的人，那麼夢想也許對你來說無關緊要；但如果你是一個有志氣的人，是一個想要最大化實現人生價值的人，那麼夢想就很關鍵了。

回顧馬雲的人生，我們會發現他能夠走到今天，夢想的確是他最重要的支撐點之一。

馬雲第一次聽說互聯網，是一個很偶然的機會。一九九五年，對電腦一竅不通的馬雲，透過去美國做翻譯的機會，經朋友的幫助和介紹，開始瞭解互聯網。他對互聯網產生了極大的興趣和信心，馬雲感覺人類總有一天會被互聯網改變，而生活的方方面面都會受到互聯網的影響。

但是誰可以改變互聯網，人類生活又將受到哪些影響？馬雲當時並沒有想清楚這些問題，只是隱隱約約感覺到將來他想做的就是這個。

所以馬雲從美國回來以後，請了廿四個朋友到他家裡，馬雲當著大家的面宣佈他準備從大學辭職，要做Internet。並不懂技術的馬雲花了將近兩個小時的時間來說服這廿四個人，這是一件很有意思的事情。

馬雲肯定不能在兩個小時內就講清楚互聯網究竟是什麼，他的廿四個朋友也肯定聽得糊裡糊塗。兩個小時後，大家投票表決，結果只有一個人表示支持，其餘的廿三個人都持反對的態度，大家對馬雲都沒有什麼信心可言。但是馬雲思考了一個晚上，第二天早上還是決定要辭職，去實現自己的夢想。

晚上想千條路，早上起來走原路，是很多遊學年輕人的心態。如果不採取行動，不讓自己擁有一個實踐的機會，要想成功幾乎就是天方夜譚。就這樣，因為要實現自己的夢想，馬雲走上了創業之路。他做了「中國黃頁」網站，「阿里巴巴」網站，還做成了淘寶網、支付寶、阿里媽媽、天貓、一淘網、阿里雲等電子商務知名品牌。馬雲的每一步都走得異常艱難，幾乎沒有人認可和相信他的任何一次夢想。好幾次都是以小搏大，艱難取勝，非常驚險。

馬雲的夢想奮鬥史，就是一部將所有曾經懷疑過、打擊過他夢想的人都顛覆了的奮鬥史；也是改變上億人經商、購物、上網習慣的引領史；同時更是阿里集團數萬員工和淘寶、阿里上無數店家和中小企業夢想的承載者。馬雲在夢想的道路上有汗水，也有淚水。馬雲在夢想的帶領下走了非常久，也非常遠。

給自己一個夢想，這是馬雲傳遞給整個社會的智慧。一旦將這種智慧擴散開來，社會將形成一股夢想之力，隨之而來的必然是一種動力，一個個因夢想而改變的人生，一個因夢想而偉大的時代。

一九八三年的一天，一個女嬰在美國亞利桑那州圖森市一家醫院呱呱墜地，令人驚愕的是，女嬰一出生就沒有雙臂，連見多識廣的醫生也無法解釋這個奇怪的現象。雖然身體上有不可彌補的缺憾，女嬰還是在父母的疼愛下成長為一個可愛的小女孩。

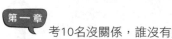

有一天，女孩站在陽台上，看到一群與自己同齡的孩子在陽光下歡快地奔跑著，他們正張開天使翅膀般的雙臂追逐翩翩起舞的蝴蝶，女孩十分傷心地向母親哭訴命運的不公，上帝竟然不肯給她一雙擁抱世界的手臂。

母親溫柔地安慰她：「親愛的寶貝，或許上帝的確有些偏心，但祂是要送給你更多的夢想，祂是想讓你用行動去告訴人們——即使沒有翅膀，也可以高高地飛翔。就像沒有修長的十指，你同樣可以寫出漂亮的文章，可以彈出美妙的琴聲……」

女孩仰起頭來，不確信地問：「我真的能做到嗎？」

母親堅定地告訴她：「只要你的夢想沒有折斷翅膀，你就一定能飛得很高很高。只要你肯付出努力，就一定做得到。」

女孩對母親的話深信不疑，她的目光一遍遍掠過自己那雙看似普通的腳，她對自己說：「我有一雙非凡的腳，它不只可以用來奔走，還可以用來飛翔。」

從此，女孩開始在父母的指導幫助下，有計劃地鍛煉雙腳的柔韌性、靈活度和力量。因為懷揣夢想，女孩經歷了無數次失敗，克服了常人難以想像的困難，終於在人們驚訝的眼光中，練出了一雙異常靈活的腳。

女孩後來不僅可以用雙腳吃飯、穿衣，輕鬆地實現生活的自理，還學會了用腳彈琴、寫字、操作電腦……常人所能做到的一切，她用雙腳幾乎全做到了。當她自豪地在人們面前展示自己非同尋常的「腳功」時，當初那些用異樣眼光看她的人，目光中漸漸地充滿了欽佩。

在女孩十四歲那年，她徹底扔掉了那副裝飾性的假肢，一臉陽光地穿著無袖的上衣，走進校園、商場、街區……她覺得自己除了沒有常人那樣的一雙手臂外，並不缺少什麼。

女孩用雙腳創造了一個又一個奇蹟，從小學到中學，她刻苦讀書，作業總是一絲不苟，學習成績始終名列前茅。她的老師和同學無一不敬佩她的堅毅和自強。

當女孩拿到亞利桑那大學心理學專業的學士學位證書時，父親自豪地鼓勵她：「孩子，你還可以做得更棒！」他們一家人幸福地擁抱在了一起。

女孩自信地笑著告訴家人：「爸爸說得對，我還可以做得更棒！」

為了保持腿部的靈活性與韌性，女孩需要增強腿部肌肉的力量。為此，她不僅堅持跑步，還成了一家跆拳道館裡小有名氣的高手，也是碧波蕩漾的泳池裡一條自由穿梭的美人魚……

在一次體檢中，醫生指著給她拍的X光片，驚奇地感歎：「她的雙腳經過鍛煉已變得異常敏捷，她的腳趾關節竟然像普通人的手指關節一樣靈活自如。」

後來，女孩走進了汽車駕駛學校，很快便掌握了駕車的各項技術，順利地拿到了駕照，並能用雙腳嫻熟地駕車。但是女孩對自己所取得的這些成績並不滿足，她還想要駕駛飛機，擁抱蒼穹。

看到親自駕車來報名的女孩目光中流露出的從容、淡定與果決，曾培養出許多飛行員的著名教練特拉威克就知道，這個女孩一定會像一隻矯健的雄鷹那樣飛上藍天。

如他所料，女孩在學習飛機駕駛的時候絲毫不遜色於那些身體健全的飛行員，甚至比不少學員表現得更出色。

她冷靜、沉著地用一隻腳操縱著控制板，用另一隻腳操縱著駕駛桿，滑行、拉起、升空……她的每一個動作都十分準確、到位。教練特拉威克後來回憶說：「她駕駛飛機時非常冷靜和穩定。事實證明，她是一個優秀的飛行員，一旦你和她在一起待上二十分鐘，你甚至會忘掉她沒有雙臂的事實。她向人們展示，人可以克服所有的限制，她真是太令人難以置信了。」

女孩在廿五歲的時候，如願拿到了輕型運動飛機的私人駕照，開創了美國飛行史的先例，因為她是第一個只用雙腳駕駛飛機的合法飛行員。

這個女孩的名字叫作潔西嘉．考克斯。她在數百場的演講中，說得最多的一句話是：「你的夢想有多高，你就可能飛多高。」

或許你的夢想會被別人嘲笑，但你卻不能嘲笑自己。在你的翅膀不曾展開的那一天，沒有人能夠真正瞭解你的能力。相信自己，不忘初心，就算自己的夢想在別人看來是異想天開，你也可以給自己一個拚搏的理由。

正如文學大師林語堂所說的那樣：「夢想無論怎樣模糊，總潛伏在我們心底，使我們的心境永遠得不到寧靜，直到這些夢想成為事實為止。」要想讓自己的夢想成真，就嚴肅而認真地去面對它、實踐它吧！

「人因為夢想而偉大」，馬雲如是說。對於我們而言，夢想就像是翅膀一樣，你的夢想有多大，你的未來才有多寬廣。你若是只想做一個吃穿不愁的人，那麼你的夢想無異於雛雞的翅膀，因為你所要的不過是衣食無憂；若是你有更高的追求，渴望看盡天下風景，那麼你便會向著雄鷹的方向去努力，不管最終是否能夠成為天空的霸主，你至少看到了雛雞不曾看過的人生美景。

## 2 不忘初心，方得始終

初戀是最美好的，每個人第一次戀愛都是最容易記住的。每個人初次創業的時候，理想都是最好的，但是走著走著就找不到這條路在哪裡了，其實你的第一個夢想是最美好的東西。二〇〇一年網路泡沫破滅時，那三十多家公司，我記得現在全部關門了，只有我們一家還活著。我們是堅持『初戀』的人，我們是堅持夢想的人，所以能走到今天。

——馬雲

人都是有理想的，但能夠將理想堅持下去的人並不多。在人生中，失敗或許不是一件壞事，成功也未必是最終結果，而堅持理想一定是一件意義重大的事。那些有所成就的人，在獲得巨大的成功之前，必須在理想的道路上努力堅持。很多時候，只有始終堅持理想，才會有奇蹟發生。

與很多有著光鮮背景的互聯網神話製造者不一樣，馬雲的出身很平凡。他沒有多少錢，創辦公司的時候甚至只能把家當辦公室，但馬雲有自己的特點：他有夢想，能堅持，並且用實際行動努力將夢想變成現實。他經常沉浸在夢想中，並為自己的夢想激動不已。

帶著對待初戀一般的熱情，馬雲創立了中國第一個商業網站——中國黃頁，他每天出門推銷「中國黃頁」，說服人家心甘情願地付錢把企業資料放到網上去。當時大家都不知道互聯網是什麼，沒有人相信他，在那段時間裡，馬雲過的是一種被人視為騙子的生活。

為了拿下杭州一家企業的生意，他一連跑了五趟，但這家企業的老闆總懷疑電子商務是騙人的詭計。為了說服這位老闆，馬雲為他收集了大量有關電子商務的資料，一遍又一遍地講解電子商務這種新型商業模式，告訴他在網上做廣告比在其他媒體上做更有效應。

任憑馬雲費盡口舌，這位老闆還是將信將疑。面對這塊難啃的骨頭，馬雲沒有放棄，臨走前向這位老闆要了一份企業的宣傳材料。幾天以後，他帶著一台筆記型電腦回來，那位老闆看到電腦上顯示著自己企業的網頁時，才終於同意合作。

提起那段往事，馬雲感慨良多，那段時間基本上可以說是慘不忍睹，跟騙子似的。當時他跟所有人說，有一個東西可以給別人帶來效益，卻沒有人相信他。但他靠著這股韌勁，最終在一九九七年年底，「中國黃頁」網站的營業額達到了七百萬元。

馬雲從創業一路被罵過來，別人都說這種模式不可能，但馬雲覺得沒關係，他不怕罵，只要不往心裡去就是了。

追溯起來，阿里巴巴網站的雛形應該就是「中國黃頁」。阿里巴巴從成立以來一直備受質疑，但卻依舊堅定不移地走電子商務路線。儘管馬雲相信電子商務也許三年，也許四五年都掙不到錢，但他堅信八年、十年後一定能夠掙到錢，所以他首先需要的是存活下來，堅強地活下去。

的確如此，從一九九五年他在美國首次接觸到網際網路，回國後創辦網站「中國黃頁」，到一九九七年加入中國對外貿易經濟合作部下屬中國國際電子商務中心，負責開發其官方網站及中國產品網上交易市場，再到一九九九年正式辭去公職，創辦阿里巴巴網站，開拓電子商務應用，尤其是Ｂ２Ｂ（指電子商務中企業對企業的交易方式）業務，馬雲始終像堅持初戀一樣堅持著自己的理想，並最終將理想變成了現實。

不論遇到什麼樣的挫折失敗，請不要放棄自己的夢想。山重水複疑無路，柳暗花明又一村！不要放棄，堅持自己的夢想，經過了失敗的路口，成功已在不遠處向你張望！

二〇〇二年諾貝爾文學獎獲得者是匈牙利作家凱爾泰斯・伊姆雷。他小時候很呆笨。十二歲時，他做了一個夢，夢到有一個國王頒獎給他，因為他的作品被諾貝爾看上了。當時，他很想把這個夢說出來，但又怕別人嘲笑，最後只告訴了他的媽媽。

他媽媽說：「假若這真是你的夢想，那麼，你就真有出息了！我聽說，當上帝把一個不可能的夢放在誰的心中時，上帝就會助其完成的。」

結果，他真的喜歡上了寫作。

他心想：只要我能經得起考驗，上帝會來幫助我的！就這樣他開始了自己的寫作生涯。三年過去了，上帝沒有來；又過了三年，上帝還是沒有來。就在他期盼上帝前來幫助的時候，卻盼來了希特勒的部隊。身為猶太人，他被關進了集中營。在那裡，數百萬的人失去了生命，而他卻靠著「生存就是順從」的信念活了下來。

第二次世界大戰結束後，他被釋放，心想：我又可以開始我的寫作了。於是，他開始了寫作。終於在一九六五年，他寫出第一部小說《無法選擇的命運》；一九七五年，他完成了第二部小說《退稿》；二〇〇二年，他獲得了該年度諾貝爾文學獎。

凱爾泰斯就是因為懷揣著夢想，才克服了重重困難，最終獲得了成功。當他懷有夢想，做他喜歡做的事情時，無論面對什麼困難，他都不在乎。我們不也是一樣嗎？當我們樹立了一個夢想，千萬不要放棄，因為上帝會抽身出來幫你的，幫你實現夢想。

有一個年輕人，從小就有一個夢想：成為一名出色的賽車手。他常常幻想自己開著賽車在賽道上一路狂飆，最後站在了領獎台的最高處。

但是，很可惜，他長大後並沒有如願地成為一名職業賽車手，而是去服了兵役。在接受各種軍事訓練之餘，對賽車癡心不改的他，就在笨重的卡車上磨練車技，這為他的車技打下了厚實的基礎。

退伍後，他靠著自己的駕駛技術在一個農場做司機，雖然不是夢想中的賽車，但他可以拿著這份工作得來的收入去參加業餘車隊的訓練和比賽。遺憾的是，幾年過去了，他並沒有獲得什麼像樣的成績，反而因為參賽開銷太大而負債累累。

有次比賽，他原本有希望獲得好名次，不幸的是，比賽進行到一半時，他前面的兩輛賽車相撞，連他的車也被撞到了賽道旁的牆壁上，並且車子還起了火。他全身多處被燒傷，被送到醫院後，經過七個小時的手術，才保住了性命。然而他的體表燒傷面積達百分之四十，他的手萎縮得像雞爪一樣，醫生說他以後再也不能開車了。

但他並沒有因此而灰心絕望，他對自己說：「昨天已經成為過去，未來正從明天開始。」為了能夠回到賽場，他積極接受一系列的植皮手術，每天忍著鑽心的疼痛，用那雙不完整的手不停地練習抓木條，從而恢復手指的靈活性。

在最後一次手術做完之後，他堅持回到農場去開推土機，他想用這種方法使自己的手掌重新磨出老繭，以便可以繼續練習賽車。

憑著良好的心態和過人的毅力，僅僅九個月之後，他就重新返回了他熱愛的賽場，並在一次全程三二二千米的賽車比賽中榮獲第二名。

又過了兩個月，在上次發生事故的那個賽場上，他贏得了四〇二千米比賽的冠軍！他就是美國頗具傳奇色彩的偉大賽車手吉米・哈里波斯。

當夢想成為信仰，那些曾經的或者正在經受的遺憾、挫折、失敗都不會令我們感到絕望，我們擁有更多的只會是對未來的期許。那矢志不移的夢想追求，怎麼會經受不住一時的失意呢？

相信每個人都有過夢想，都曾在夢想的道路上留下或多或少的足跡。成長的路上從來都是成功與失敗並存的，我們只有在失敗中不斷吸取教訓，在成功中不斷總結經驗，才能更快地抵達夢想彼岸。凶猛的野獸被獵人射傷時，牠依舊瘋狂奔跑，牠的夢想也許就是逃出去，然後活下去。我們若擁有胡楊三千年不倒，倒後三千年不死，死後三千年不朽的精神，那實現夢想還會困難嗎？

生活中，我們就像生存在孤島的人，沒有交通工具，就永遠認為這個世界只屬於我們，根本不會曉得天外有人，山外有山；我們就像一粒沙子，在風中慢慢沉澱，你就不會再為夢想努力，你也就永遠不會再見到陽光了。

所以，我們要像馬雲一樣，堅持夢想，不斷耕耘。懷著夢想堅持航行，才有可能抵達夢想的彼岸；只有頑強拚搏，才會有輝煌的未來。我們要為夢想守候，要為夢想努力，因為我們擁有足夠的資本去追逐夢想。我們要一路歌唱，一路努力，為最終實現夢想而拚搏！

# 3 摒除雜念，單純地朝著夢想出發

「小時候其實變換夢想沒有關係，你需要去不斷地想，不斷地去想快樂的事情，其實夢想不需要很大，你去想，你就會做得到。」

——馬雲

每個人都有屬於自己的夢想，也許這夢想有點遙不可及，也許有人會說你是在做白日夢，很多人會在漸漸忙碌的生活中忘記自己的夢想。而那些自始至終都在朝夢想出發的人，離自己的夢想還有多遠呢？很多人已經實現了吧。

馬雲被譽為「創業教父」，他在高爾夫球場上「一桿定乾坤」的故事，更是被商界當作一個傳奇廣為流傳。

那是二〇〇五年五月的一天，時任ＵＴ斯達康國際通信（中國）公司總裁兼首席執行官的吳鷹，電話邀請不會打高爾夫球的馬雲一起「去練練」。商業嗅覺敏銳的馬雲立即料想其中必有深意，於是欣然前往。不出意料，等在加州卵石灘高爾夫球場的，正是一些矽谷投資界、互聯網界的大人物，雅虎「酋長」楊致遠也在其中。

打球開始的時候，有人提議讓同樣不會打球的吳鷹和馬雲一起比賽打定點，看誰打得遠，且是一桿定勝負。兩人的身材相貌，自然成了眾人下注賭誰贏的依據。吳鷹身高一米八，身體壯實，一副體育健將的架勢；而馬雲身高不足一米七，身體瘦弱，儼然是手無縛雞之力的文弱書生。「以貌取人」的那些重量級人物，絕大多數都賭吳鷹勝出，唯獨楊致遠一個人賭馬雲贏。

馬雲神情淡定地低頭站到球前，按照楊致遠指導的要領，屏氣、轉肩、揮桿……「嗖」的一聲，白色小球高高飛出。而吳鷹卻在一片加油聲中，揮桿打空了，小球紋絲不動。結果，吳鷹輸，馬雲贏。就是這一桿，不僅讓馬雲贏了球，還贏來了雅虎中國公司給阿里巴巴注入的十億美元。

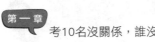

馬雲之所以會贏，關鍵在於他的專注和氣定神閑，他是贏在了對尋求合作機會的全心把握，以及排除週邊干擾的專注定力上。正如馬雲自己所言：「當你看見十隻兔子時，你到底抓哪一隻？有些人一會兒抓這隻兔子，一會兒抓那隻兔子，最後可能一隻也抓不住。機會太多，只能抓一個，抓多了，什麼都會丟掉。」

在當今快節奏的社會裡，許多人都在忙碌，像陀螺一樣轉個不停，但是有多少人在這忙碌中感到充實？又有多少人在忙碌中獲得成功？在忙忙碌碌中，我們應該時常反思：走得對不對？是不是在世俗雜念的干擾下偏離了自己的目標？

托爾斯泰說：「要有生活目標，一輩子的目標，一段時間的目標，一年的目標，一個月的目標，一星期的目標，一天的目標，一個小時的目標，一分鐘的目標。」站在人生的十字路口，我們也要回頭想想，我們是否足夠專注？當初的目標有沒有偏移？

失去了奮鬥目標的人生就像一艘沒有航向的船，任何方向都是逆風。唯有專注於既定的目標，不為干擾所動，我們才不會迷失在忙碌的人生中。

二十世紀五〇年代早期，美國南加州一個小小的城鎮中，一個小女孩抱著一堆書到圖書館的櫃檯。

這個小女孩是個小讀者。家裡父母的書塞滿了屋子，但都不是她想看的。所以她每個禮拜都會到圖書館看書，兒童圖書館在一個隱蔽的角落，她就在這個角落裡碰運氣找她想看的書。

當白髮蒼蒼的圖書管理員正在為這個十歲的小女孩所借的書蓋上日期戳印時，小女孩渴望地看著櫃檯上「新書專櫃」的地方。她為寫書這件事一再地驚歎，在書中開創另一個世界是何等的榮耀。

在這個特別的日子，她定下了她的目標。

「當我長大以後，」她說，「我要當一個作家，我要寫書。」

圖書管理員檢索了她的戳記後，並沒有像其他大人一樣讓小孩謙虛點，而是微笑著鼓勵她說：「如果你真的寫了書，把它帶到我們圖書館來，我會展示它，就放在櫃檯上。」

小女孩承諾說：「我一定會的。」

她長大了，她的夢也是。

她在九年級時有了第一份工作，撰寫簡短的個人檔案，每寫一個檔案，地方的報社都會給她一點五美元。對於這份工作，錢的吸引力比讓她的文字出現在報刊上的魔力遜色多了。通過這份工作，她的寫作能力得到了很大的提高。但這離寫一本書還有很長的路要走。

之後，她結婚有了自己的家，而寫作的火焰還在內心深處燃燒著。她有了一個兼職的工作，把學校發生的新聞編成週報。但書還是連影子也沒有。

她又到一家大報社從事全職工作，甚至還嘗試編輯雜誌，但還是沒寫書。

最後，她相信她有話要說，於是開始了創作。她把成品送給兩家出版商過目，但遭到拒絕，於是她悲傷地把它丟在一旁。七年後，舊夢復燃，她有了一個經紀人，她又寫了另外一本書。她把藏起來的那本書也拿出來，準備一起出版。很快地這兩本書都找到了出版商。

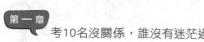

但書的出版比報紙慢得多，所以她又等了兩年。有一天，裝有新書的一個郵包寄到了她家，她打開一看，哭了起來。等了這麼久，她的夢終於實現了。

她記起了圖書館管理員的邀請和她的承諾。

當然，那位特別的管理員早已去世，小圖書館也擴建成了大圖書館。

她打電話問了圖書館館長的名字。她給這位圖書館館長寫了一封信，說以前的圖書館對一個小女孩的意義有多重大。她寫信問她是否可以帶兩本書送給圖書館，因為這對當時那個十歲的小女孩而言是件大事。圖書館覆電表示歡迎，就這樣她帶著她的兩本書回去了。

她發現新的大圖書館就在她母校對面，幾乎就在她老家舊址上，從前的房屋已經都拆除了，變成一個大商場，還有這間大圖書館。

她把她的書交給圖書館工作人員，工作人員把它們放在櫃檯上，還附上了解說。她看著這一切，激動地淚流滿面。

她拍下一張照片留念，接著擁抱了圖書館工作人員之後便離開了。雖然經過了三十多年，但她終於夢想成真，兌現了承諾。

太過於計較得失的人，會在夢想面前猶豫不決。他們甚至會計算為了達到夢想他們要付出多少時間和金錢。在追求夢想的路上被這些瑣事絆住腳，是多麼的不值得。

## 4 胸懷大志，世界都會為你讓路

「我不相信我們創造不出一家世界五百強公司來，我就不信中國這個市場誕生不出世界上最偉大的企業家！三十年以前，比爾・蓋茨說，三十年以後人類社會每個辦公桌上都將有一台電腦。說這句話的時候，別人都以為他是瘋子。這裡，我馬雲判斷，十年以後，全世界十大互聯網公司中一定有三家是中國的，而世界三強之中一定有一家來自中國；十年以後的世界五百強企業中一定會有一家來自於中國的民營企業。」

——馬雲

有人說，夢想很豐滿，但現實很骨感。大部分的夢想都非常遠大，沒有人不願意站在頂端俯瞰這個世界，而為了夢想付出一切的人也不在少數，但可惜的是真正能夠站在頂端的人實在太少了。是能力不足還是不夠努力？

其實，夢想就是我們眼中的一個目標。在時間的累積過程中，人們會遇到各種各樣的阻礙，現實太過殘酷，所以夢想也隨著時間的累積而變得遙遙無期。可現實是，努力了，總會接近夢想；不努力，將一事無成。

拿破崙說過，不想當將軍的士兵不是好士兵。如果只看著眼前，那麼就談不到夢想，只有清楚自己前行的方向，才能在屬於自己的路上走出精彩的人生。如果只想著自己在做什麼而不知道自己要做什麼，那麼只能落後於人。

從創立阿里巴巴開始，馬雲就把目標鎖定在了國際市場。馬雲說：「我們要打開國際電子商務市場，培育中國國內電子商務市場。」當時互聯網的核心技術和核心企業都在西方，能向互聯網投資的主流資金也都在西方，所以馬雲決定利用一切可能找到的機會，首先「搞定」國外市場。

馬雲既然將未來的公司定位為全球公司，名字就應該是響亮的、國際化的。馬雲之所以選擇「阿里巴巴」這個名字，就是因為馬雲希望他的網站成為全世界的十大網站之一，也希望只要是商人一定要用他的網站。為了能有一個國際化的名字，馬雲其實思索了很久。馬雲說：「我取名叫『阿里巴巴』不是為了中國，而是為了全球，我做淘寶，有一天也要打向全球。我們從一開始就不僅僅是為了賺錢，而是為了創建一家全球化的、可以做一〇二年的優秀公司。」

有了適合國際路線的名字之後，阿里巴巴就避開國內市場，直接進軍國際了。馬雲的策略是：辦一個市場就像辦一個舞會，先把女孩子請進來，再把優秀的男孩子請進來，這樣做市場就會變得越來越大。

對於買家和賣家來說，買家是女孩子，賣家是男孩子，而辦舞會成功的關鍵就是要能請到優秀的女孩子來參加。於是，為了吸引客户，阿里巴巴都是免費的。同時馬雲帶著團隊到處宣傳，只為請大家進行交流。

這就是一九九九年、二〇〇〇年阿里巴巴的戰略，即迅速進入全球化，成為全球電子商務企業。這樣，在國內互聯網競爭開展得轟轟烈烈的時候，阿里巴巴已經悄悄地在國外進行宣傳造勢了。為了達到這一目的，馬雲不斷在歐洲和美國做演講。當時來聽的人並不多，最慘的一次，馬雲在德國組織演講，一千五百人的場地結果只來了三個人，馬雲雖然也覺得很丟臉，但為了宣傳，還是堅持演講。

馬雲說：「我們絕對是放眼世界的，真正做到打到全世界去。」時至今日，馬雲的目標終於實現了，他已經讓全世界見識了阿里巴巴的神奇，並已經讓全世界知道，阿里巴巴是中國人創辦的公司，阿里巴巴是一家讓全世界華人驕傲的中國公司。

我們將自己困在眼前自然難以有所突破，夢想也被限制，只想登上土坡就滿足的人無法登上高峰。唯有站在自己的位置抬頭看，才能看到自己的渺小，才能知道自己未來發展的空間有多大，如果懼怕前路，那麼就只能在原地止步不前。

我們缺乏的往往不是能力，而是夢想。無論夢想有多麼遙遠，都有實現的可能，但是沒有了起點，那麼自然一切也只能成為泡影。成功的方法有很多種，人們所欠缺的並非方法，而是成就夢想的目標。

年僅十七歲的美國女孩塔莉亞．勒芒已經是一家慈善機構的首席執行官了。二〇〇五年，「卡特里娜」颶風襲擊美國新奧爾良，她從電視裡看到了災區的畫面。塔莉亞對坐在一旁的爸爸說：「我覺得我需要做點事情。現在大家都在談論應該做什麼，但我覺得無論如何，我們應該立即採取行動，而不是在那裡說空話。」當時年僅十歲的塔莉亞開始為受「卡特里娜」颶風影響的災民募捐，她把自己全部的零用錢都拿了出來，接著又拿出筆，在紙上寫下號召青少年為災民捐款的行動計畫。

塔莉亞說服了美國中西部一家連鎖超市，使對方允許她在他們的購物袋上登募捐廣告，並印刷了八百五十萬份貼紙。塔莉亞給政府和學校發電子郵件，希望他們也能加入募捐行動。當地一家電視台和一家報紙進行了專題報導。

塔莉亞原先設定的目標是募集一百萬美元，但是通過跟美國四千所學校的聯繫，她最終募集到了一〇四〇萬美元的認捐數額。在這次的「卡特里娜」風災中，美國學齡兒童和多家世界五百強企業一起，成為前十大認捐者。

此次募捐活動的成功，讓塔莉亞看到了孩子的力量，她認為這股力量可以在解決地球面臨的其他問題上發揮作用。

二〇〇六年，在母親達娜的幫助下，塔莉亞和朋友一起創立了非營利組織RandomKid。塔莉亞希望通過這個組織可以讓更多的青少年突破文化、種族、地域和能力的界限，合力解決地球上的實際問題。塔莉亞擔任RandomKid的首席執行官，「任何人都有力量」是他們的口號，塔莉亞也經常以此為主題發表演講。

在隨後的兩年時間裡，塔莉亞與來自美國五十個州以及十九個國家和地區的孩子們有過合作，並與近一萬名兒童捐助者直接或間接地接觸。塔莉亞通過社交網站和RandomKid網站，聚集了來自二十個不同國家和地區的一萬名青少年。她募集的善款大約有三十五萬美元，改變了世界各地七千名受益人的生活。

「卡特里娜」颶風後，塔莉亞和組織成員為美國路易斯安那州斯萊德爾市的兩百名兒童翻修了一所學校；她還為家鄉愛荷華州的五百名殘障兒童建立了一個互動式遊戲中心；在柬埔寨一個村莊為三百名兒童建了一所學校；此外，她還為海地的兒童提供拐杖和義肢，為非洲一些缺水的地區購買水泵等設施。

塔莉亞除了建設自己的慈善網路，還激勵其他人加入慈善事業。她經常在網路上組織國際青少年研討會，為那些有心做慈善的同齡人制定實現慈善目標的策略。塔莉亞說：「我們的目標是利用青少年們美好的一面去讓世界變得更美好。我們給他們提供方法和管道，讓他們相信自己的確有改變世界的力量。」

二〇一一年，塔莉亞獲得了美國公共服務領域的最高獎項——國家傑弗遜獎。《紐約時報》專欄作家尼古拉斯・克里斯多夫曾為塔莉亞撰文，提出支持她出任二〇四四年美國總統。對此，塔莉亞說：「至於做總統，我還要先上大學拿到文憑，然後再想想。重要的是，我知道，我即使不當總統，也能改變世界。」

志向是極可貴的精神力量。一個想有所成就的年輕人，必須狠下心，為自己立下一個能激發動力的遠大志向。有了它，才不會渾渾噩噩地混日子。

「三軍可奪帥也，匹夫不可奪志也」，這是萬世師表的孔子對理想的認識。「十有五而志於學」的他，雖四處遊說，到處碰壁，仍矢志不渝。試想：若不是十五歲便立下大志向，哪裡會有對後世影響至深的儒家經典呢？

現實社會中，很多人都有自己的志向，但是卻不敢立大志，對自己缺乏足夠的信心。其實我們應當深信：志當存高遠，立志就要立大志。俗話說：「有志者事竟成。」只要我們有堅定不移的奮鬥目標，並且為著這個目標而不懈努力，終有一天一定會讓目標成為現實的。

# 5 心有多大，舞台就會有多大

「我們要建成世界上最大的電子商務公司，要進入全球網站排名前十位！」
——馬雲

人要有夢想，有夢想才有前進的動力，如果沒有夢想，人生就會失去方向。夢想，是人生前行的指路燈，只有夢想可以使我們有希望，也只有夢想可以使我們保持充沛的想像力與創造力。

第一次高考落榜的馬雲垂頭喪氣，他覺得自己根本不是上大學的料，也沒那個好命，便準備去做個臨時工以貼補家用。馬雲與表弟一起到西湖邊上的一家賓館應聘，他只想做個端盤子、洗碗的服務生。結果，陪馬雲一起去的表弟被順利錄用了，馬雲卻遭無情拒絕。被拒絕的理由很簡單，表弟長得又高又帥，而馬雲長得又矮又難看。

萬般無奈之下，馬雲只好去尋找那些不要求長相好看，有力氣就行的活兒幹。通過父親的關係，馬雲找到了杭州《東海》、《江南》等雜誌社，為他們打零工、送雜誌。於是，在炎炎烈日之下，在狂風暴雨中，杭州城裡多了一個十八歲的瘦弱少年，他肩上披著一個比他身子短不了多少的大毛巾。這個少年一邊擦汗，一邊用力蹬著那笨重的三輪車，沿著崎嶇不平的小路，緩緩而行。

這可能是馬雲一生最辛苦的時候，他每天出苦力的唯一報酬，就是賺取那微不足道的運費。可以想像，對一個剛剛成年的男孩子而言，這條路如果日復一日、年復一年地延伸下去，他的未來也許就這樣了。但是，當時的馬雲雖然是個徹頭徹尾的窮人，卻有著成為富人的野心。於是，馬雲開始拚搏奮鬥，從學英文到創立海博翻譯社，從「中國黃頁」到阿里巴巴，他終於成功了。

馬雲成功的故事給了我們很大鼓舞，讓我們知道即使是個窮人，也要有成為富人的野心。成功起源於強烈的心理企盼，是自我尋找、最終自我超越的結果。

街上每天都有無數的賓士車駛過，也許你現在無法擁有，但這並不可悲，可悲的是你從來不敢嚮往去擁有它。人可以貧困，卻不可以潦倒，窮人是可以成為富人的，關鍵是你是否擁有成為富人的野心。其實，人生最大的悲劇就在於夢想的消失。人人都應該有夢想，有野心。沒有夢想和野心，生活的熱情將會枯竭。

法國的富豪中有一個年輕人——巴拉昂，他成為傳奇不僅僅是因為他的年輕，還因為他只用了十年的時間就累積了足以躋身富豪榜的財富。

巴拉昂最初只是一個普通的推銷員，生活非常窮困，只能靠推銷肖像畫謀生。後來的十年之中，他通過拚搏成了媒體大亨。在他即將辭世的時候，他再一次成為人們新一輪的焦點，因為他留下了一份非常特別的遺囑。在遺囑之中，他除了將自己的財富捐獻之外，還有一百萬法郎的特別獎勵。之所以說這項獎勵特別，是因為這項獎勵要給一個能夠解出巴拉昂提出的問題的人。他的問題說起來簡單，卻非常複雜，問題就是窮人最缺少的是什麼。他將這個問題的答案放在了銀行的一個保險箱之內，他將鑰匙交給了他的兩名代理人。他在遺囑中提到，他曾經窮困潦倒，之所以能夠成為富人，是因為他找到了成為富人的秘訣，在他即將辭世之時，這個秘訣他希望能夠留給後人。

在巴拉昂去世之後，他的遺囑被各大報紙雜誌紛紛刊登，大家都在尋找能夠回答出問題的人。而人們也紛紛猜想問題的答案。沒多久，報社就收到了從四面八方郵寄過來的各種答案。有人回答是金錢，因為窮人正因為沒錢所以才窮，有的人回答是別人的關愛，還有人回答是機遇……各種各樣的答案都沒能領走那一百萬法郎的獎勵。

最終得到獎勵的是一個小女孩，她的答案非常簡單，但是和巴拉昂的秘訣一樣，就是野心，窮人缺少的恰恰就是想成為富人的野心。

夢想需要野心才能夠成就，沒有野心，一切都只能是泡影。巴拉昂之所以成為了富豪，不是因為別人給他提供了資金，而是因為他有著當富人的野心。現實生活當中，在我們抱怨眼前生活不公的時候，是否想過是因為自己對夢想的渴求不夠？機會是人創造的，財富是靠積累的，首先要從自己的心中實現夢想，現實才會給自己開路。

眼之所及，履之所至。實現夢想不是最困難的，困難的是找到自己的夢想。為了工作而工作，為了生活而生活，那麼一生註定沒有作為。夢想需要創造，野心就是夢想，只要敢想，只要想得遠，那麼自己就能夠為了實現夢想而付出相應的努力，總有一天你會站在自己的夢想面前，即便最終現實和夢想有所差距，你也會發現，自己已經站到了一個不曾到達的高度。

# 6 趁年輕為自己的夢想而戰

「為夢想而戰吧。」

——馬雲

當夢想成為信仰，那些曾經的或者正在經受的挫折、失敗都不會令我們感到絕望，我們擁有更多的只會是對未來的期許。那矢志不渝的夢想追求，怎麼會經受不住一時的失意呢？王寶強現在已經是一名專業演員，取得了事業上的成功。在成名之前，王寶強的生命中只有一個信念——執著，為夢想執著。為此，他堅決地行走在跑龍套的隊伍中。終於，他有了「傻根兒」這個角色，後來有了更多的角色，最後他成功了。王寶強的夢想就是他的信仰，他的事例告訴我們：只要執著地追逐夢想，就沒有什麼不可以。

我們在追逐夢想的過程中，可能會遭遇黑暗。這個時候，我們更應該堅定地問問自己：我經歷的一切，都是值得的嗎？我要追逐夢想嗎？是的，我們要繼續追逐夢想。夢想成為信仰，將會讓我們勇敢地面對黑暗。也許在黑暗中，我們會看到些微弱的亮光，而那些微弱的亮光或許能照亮我們的心靈，召喚我們繼續為夢想而搏擊。我們要勇於堅持自己的理想，要相信自己，眼前經歷的所謂失敗只是暫時沒有成功而已。永遠記得那些黑暗中的淚水不會白流，所有的付出都是值得的。當夢想成為信仰，我們決意永遠不回去，堅定地為夢想執著一次吧。

十九歲那年，信心十足的馬雲再次走進高考的考場。那一次，他的數學考了十九分。當馬雲拿到成績單後，父母再也不對這個「不爭氣的孩子」抱任何希望了。他們無奈地搖頭，「沒治了，沒一點兒希望了」。這一回，父母都勸馬雲：「你就徹底死了這條心，安安穩穩地做個臨時工，學點手藝吧。」

馬雲卻不甘心，連續兩次的高考失利，反而讓他越戰越勇。由於馬雲無法說服父母讓他繼續複讀，他只能一邊打工，一邊複習。為了工作和學習，馬雲白天打工，晚上讀夜校。為了找一個好一點兒的學習環境，也為了激勵自己，每到星期日，馬雲就早早起床，趕到離家很遠的浙江大學圖書館去複習。

二十歲那年，馬雲準備參加第三次高考。在走進考場前的一天，一位姓余的數學老師跟他說：「馬雲，你的數學真是一塌糊塗，如果你能考及格，我的『余』字從此以後要倒著寫！」在考數學的那天早上，馬雲還一直在背十個基本的數學公式。考試時，馬雲就用這十個公式一個個去套。那一次，馬雲的數學考了七十九分。

在第三次高考成績出來後，馬雲的數學雖然「超常發揮」考了七十九分，但總成績仍然與本科線有五分之差。不過，馬雲對此已經很知足了，他安慰自己說：「就我這水準，能有個大學上就不錯了，管它什麼專科、本科！」

令人驚喜的是，就在馬雲準備邁進杭州師範學院讀專科時，天上居然掉下了個碩大無比的「餡餅」，砸在了他頭上！由於杭州師範學院的英語專業剛剛升級到本科不久，在馬雲報考英語專科的那一年，英語專業居然出現了報考人數少於計畫招生人數的意外情況。

於是，為了完成計畫，外語系的領導們破例制定出了讓部分成績優秀的專科生「直升」本科的特殊政策。就這樣，在專科生裡英語成績最好的馬雲，便搖搖晃晃地被調配到了本科專業，可以說是撿了一個大「餡餅」！

每個人的成功都不是偶然的。馬雲也是，他高考成功的背後，有兩次考試失利的經歷，更有著他對讀大學這個夢想的無比執著。因此，一個人需要有自己的夢想，有夢想才會有追求，有夢想才會有發展。後來，馬雲在創業的時候，也是因為心中有夢想，才會堅持做下去。

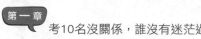

# 7 胃很小，只容得下一條魚

「在你確定什麼才是你唯一的夢想的時候，一定要想清楚的問題有兩個：第一，你想幹什麼？是你自己想幹什麼，不是別人讓你幹什麼，也不是因為別人在幹什麼而你也去做。第二，你需要幹什麼，想清楚想幹什麼的時候，你要想清楚，我該幹什麼，而不是我能幹什麼。」

——馬雲

宏偉藍圖自然是具有無窮魅力的，但它往往不是我們唾手可得的。若試圖一次就達成結果，無異於想在一天之內建出一座羅馬城，不僅給自己徒增繁重的壓力，也讓簡單的問題複雜化了。

所以說，人生無論是長久的計畫，還是宏偉的目標，都絕非一蹴而就的，它是一個不斷積累的過程。而一個個量化的具體計畫，就是人生成功旅途上的里程碑、停靠站，每一個「網站」都是一次評估、一次安慰和一次鼓勵。是否能量化，是計畫與空想的分水嶺；只有把每一小段的目標都逐步實現，才不至於使理想成為海市蜃樓。

阿里巴巴無疑是中國互聯網史上的一大奇蹟，這個奇蹟是由馬雲和他的團隊創造的。

阿里巴巴創業初期，經濟拮据，只有區區五十萬元。而這五十萬元還是十八個人東拼西湊湊起來的。五十萬元，是阿里巴巴全部的家底。然而，就是憑著這五十萬元，馬雲卻喊出了這樣的宣言：我們要建成世界上最大的電子商務公司，要進入全球網站排名前十位！

一九九九年，中國互聯網競爭已經到了白熱化狀態，國外風險投資商瘋狂給中國的網路公司投錢，網路公司也在瘋狂燒錢。這時的五十萬元，對新浪、搜狐、網易這些大型門户網站而言，不過是一小筆的廣告費而已，根本不值一提。

馬雲深知，他所有的偉大夢想都要靠這僅有的五十萬元去實現。因此他將夢想分成一個個具體的目標，初期的每個目標都和這五十萬元息息相關，而他的每個具體目標都離不開「精打細算」這個詞。

阿里巴巴成立之初，馬雲給員工開的工資是五百元，而公司的其他開支更是一分錢恨不得掰成兩半兒來用。通常外出辦事，馬雲和員工都發揚「出門基本靠走」的精神，他們很少搭車。據說有一次，馬雲帶著大夥兒出去買東西，東西很多，實在沒辦法了，他們才選擇搭車回去。大家紛紛在路邊向的士招手，來車如果是桑塔納，馬雲就擺手不坐，直到等來了一輛夏利，馬雲才帶著大夥兒坐上去，因為夏利每千米的費用比桑塔納便宜兩元錢。

二〇〇七年十一月六日，阿里巴巴在香港聯交所上市，市值超過兩百億美元，成為了中國市值最大的互聯網公司。馬雲和他的創業團隊締造了中國互聯網史上最大的奇蹟。

馬雲的故事告訴我們，夢想和目標，這兩者之間的區別就在於夢想可以是模糊的、沒有期限的，而目標則是明確的、需要量化的、有期限的。

在對自己小時候的夢想進行回憶的時候，馬雲曾經說過，自己和大家一樣，年少無知的時候有過無數的夢想。想當司機，想當售票員……夢想有很多個，但是卻沒有一個是能夠實現的，然後不斷地變換夢想。但這些並不重要，夢想是快樂的，在成長的道路上，每一個人都要有夢想。馬雲在不同的時期擁有的夢想也不同，小學時想考好的中學失敗了，中考也失敗了，考了三年的大學，畢業後想考哈佛大學還是失敗了。但無論是哪一次失敗，他都沒有放棄過，都會勇敢地繼續下一次的嘗試。其實我們在小時候變換夢想並沒有關係，你需要去不斷地想，不斷地去想快樂的事情，最終才能將自己真正想做的事情確定下來，確定究竟什麼才是自己的夢想。

馬雲說，人生就像爬階梯，必須一步一階，絲毫取巧不得，只要一步一階，終能抵達頂峰。

一九八四年，在東京國際馬拉松邀請賽中，名不見經傳的日本選手山田本一出人意外地奪得了世界冠軍。當有人問他靠什麼取得了如此驚人的成績時，他說了這麼一句話：憑智慧戰勝對手。

當時許多人都認為這個偶然跑到前面的矮個子選手是在故弄玄虛。許多人都認為馬拉松是考驗體力和耐力的運動，只要身體素質好又有耐性就有望奪冠，爆發力和速度都還在其次，說用智慧取勝確實有點讓人摸不著頭腦。

兩年後，義大利國際馬拉松邀請賽在義大利北部城市米蘭舉行，山田本一代表日本參加比賽。這一次，他又獲得了世界冠軍。有人又問他有什麼秘訣。

山田本一性情木訥，不善言談，回答的仍是上次那句話：憑智慧戰勝對手。然而在十年後，這個謎底終於被解開了，在他的自傳中他是這樣寫的：每次比賽之前，我都要乘車把比賽的路線仔細地看一遍，並把沿途比較醒目的標誌畫下來，比如第一個標誌是銀行；第二個標誌是一棵大樹；第三個標誌是一座紅房子……這樣一直畫到賽程的終點。比賽開始後，我就以百米的速度奮力地向第一個目標衝去，等到達第一個目標後，我又以同樣的速度向第二個目標衝去。四十多千米的賽程，就被我分解成這麼幾個小目標，輕鬆地跑完了。起初，我並不懂這樣的道理，我把我的目標定在四十多千米外終點線上的那面旗幟上，結果我跑到十幾千米時就疲憊不堪了，我被前面那段遙遠的路程給嚇倒了。

我們的胃很小，只能容得下一條魚。就像山田本一說的那樣，若是將所有的目標都擺在心裡，那麼你就會被壓得無法喘氣，更不要說輕裝上陣了。

人生是一場旅行，一路上背負的東西會不斷累加，所以我們自己要盡可能地減少負擔，這樣才能將更多的精力投入到前行的路上。不要去想自己的目標有多遠大，也不要去考慮為了完成這個目標你需要做多少事，只要做好眼前的一件事，完成一個個小目標，一點點積累，最終會擁抱成功。唯有那時你才發現，那些複雜而繁瑣的事早已在你的一點點努力下完成了。

心繫太多反而會讓你一無所有，它會打消你的熱情和積極性。不如將一切看得簡單一點，只記得眼前該做的事，這樣你才不會覺得疲累，才不會因為難度太大而半途放棄。

設定一個不太難實現的小目標，這樣我們就會因為每一個小目標的簡單易行而感到壓力減輕，也正因為感到應對自如，我們才會發現自己渴望去做生活中其他需要改變的事情。每當實現一個小目標後，就會有一種更加積極的強化力量來幫助我們沿著通向最終遠大目標的道路不斷前進。

# [第二章]

# 熱愛你所做的事，別在乎別人怎麼看

馬雲：「老師受人尊重，不是說這個職業多麼重要，而是老師給社會創造的價值，給這些年輕人、孩子，在人生起步時，說的一兩句話改變了他們而已。你要欣賞你的學生、欣賞你的產品、熱愛你所做的事情，別在乎別人怎麼看。」

# 1 激情比聰明更重要

「只有你想不到的，沒有馬雲做不到的。」

——馬雲

所謂激情，就是要有一種面對困難敢於克服，面對機遇敢於挑戰，面對艱險敢於探索，面對落後敢於奮起，面對競爭敢於爭先的勇氣。激情不是一個空洞的名詞，它是一種力量，是一種精神支柱。

馬雲說，激情對於成功者來說是相當重要的，一個人如果沒有激情，就會覺得什麼事都不想做，也什麼事都做不好，導致其越來越消極，越來越頹廢，最終只能是碌碌無為、一事無成、走向失敗。對於一個年輕人來說，如果沒有激情那是非常危險的。

美國《今日心理學》雜誌曾有報導，一般人可能認為，成功只需要一個聰明的腦袋，但事實上，對於大多數成功者來講，聰明並不是第一位的，更重要的是激情。

的確，激情常常激發出意想不到的創意。因為擁有激情，人的大腦便會保持長時間的興奮，使思想隨意碰撞、交織、融會，創意便常常在其中誕生。並且，激情使人習慣於從事物中發掘其本質，激發靈感，激情還使人敢於謀事，善於做事，讓創意得以實踐。

馬雲無疑是一個很有激情的人，見過馬雲或者在電視上看過馬雲的人，都會被他那洋溢全身的激情所感染。事實上，馬雲的成功也是離不開激情的。

一九九九年，當阿里巴巴還沒被大多數人知道並接受的時候，馬雲就對同伴宣稱：「我們要做一家八十年的公司，要進入全球網站的前十名。」就在這時，曾在瑞典Wallenberg（瓦倫堡）家族主要投資公司Investor AB（瑞典銀瑞達集團）任副總裁的蔡崇信，到阿里巴巴來探討投資。幾次接觸下來，蔡崇信被馬雲的思維和激情給捕獲了。他當即決定，要拋下七十五萬美元年薪，加盟阿里巴巴，領取五百元的薪水。馬雲的激情，不僅使自己突破了重重困境，並且也感染並吸引著和他接觸過的每一個人。

後來，馬雲更是「激情四溢」地宣稱：「我們要做一家一〇二年的公司，要進入全球網站的前三名。」所有這些瘋狂的想法，都是激情使然。

正是看中了他的這一點，當時軟銀集團董事長孫正義在選擇投資對象時，只用了短短六分鐘時間便毅然決然地選擇和阿里巴巴合作，融資兩千萬美元。

孫正義的軟銀公司，每年要接受七百家公司的投資申請，但是大約只有百分之十，也就是只有七十家左右的公司才能夠如願以償得到投資，其中只有一家孫正義會親自去談判。而阿里巴巴卻讓孫正義在短短的六分鐘之內就做出了投資的決定，他說正是馬雲的這種創業激情和領導氣質吸引了他。孫正義見到馬雲時經常會說：「馬雲，保持你獨特的氣質，這是我為你投資的最重要原因。」

激情讓人相信任何事情都有解決的辦法，關鍵在於你的對策是否切實、有效、具有針對性。激情促使人們想方設法地找到問題癥結，尋求對症下藥的良方，讓困難在自己面前低頭。面對同樣的問題，激情的勇者，想的是如何設法化解、戰勝；懦弱者，想的則是如何一停二看三逃避。一樣的難題，一樣的挑戰，卻有不同的態度，這不僅體現了不同的思想境界，而且必然帶來不同的發展局面。

美國成功學大師拿破崙・希爾認為激情是一種意識狀態，能夠鼓舞和激勵一個人對手中的工作採取行動。有一天晚上，他工作了一整夜，因為太專注，一夜彷彿一眨眼就過去了。他又繼續工作了一天一夜，其間除了停下來吃了點清淡食物外，未曾休息。如果不是對工作充滿激情，他不可能連續工作一天兩夜而絲毫不覺得疲倦，可見，激情並不是一個空洞的名詞，它是一種重要的力量。

# 2 做一份喜歡的工作就是創業

「做一份喜歡的工作就是很好的創業。」

——馬雲

曾經有一位哲人這樣說過：「如果工作是一種興趣，那麼人生就是天堂。」讓工作成為興趣，熱愛自己的事業，就是一種很高的人生境界，是我們需要追求的目標，因為只有這樣，才有機會取得成功。

馬雲在讀大學前，經歷過兩次高考失利。他去浙江大學圖書館複習功課，複習的學生很多，圖書館的座位根本不夠用，只能遵循「物競天擇」的競爭法則——誰來得早誰有座位，誰搶得上誰坐。

在一次搶座位的爭鬥中，馬雲意外邂逅了五個大個子，雙方交手幾個回合後，志趣相投的他們奇蹟般地成為了「鐵哥們兒」。以後的週末，在浙江大學美麗的校園裡，人們經常會看到六個年齡相仿的少年毫無顧忌地躺在翠綠的大草坪上，對著蔚藍的天空大聲高呼：「我們有夢想，我們熱愛學習！我們一定會考上大學，我們一定會出人頭地！」

有心栽花花不發，無心插柳柳成蔭。馬雲也是這樣，他曾經的目標是北京大學，但只考上了杭州師範學院的專科。幸運的是，由於英語成績不錯，他被調配到了本科專業。大學畢業後，馬雲當了六年多的英語老師。期間，他還成立了杭州第一家外文翻譯社，用業餘時間接了一些外貿單位的翻譯工作。

馬雲說：「我當年學英語，沒有想到後來幫了我的大忙。所以，做任何事情，只要你喜歡，只要你認為是對的，就可以去做。如果你思考問題功利性很強的話，肯定會遇到麻煩的。」

馬雲因為熱愛英語，對英語更是加倍用功，因此他的口語非常不錯。這位「杭州最好的英語老師」因為英語好，還曾經受到浙江省交通廳委託去美國催討一筆債務，雖然並沒把債款追討回來，卻成就了他和互聯網的一段因緣。

當時，互聯網是「舶來品」，馬雲一口流利的英語賦予了他很大的便利，得以在世界各地無語言障礙通行，也讓他有機會征服美國《富比士》記者，登上了《富比士》的封面，這對於他的成功有很大益處。熱愛英語還讓馬雲結交到楊致遠、孫正義甚至柯林頓這樣的人物，讓他自由穿梭在達沃斯論壇，讓外國人記住了阿里巴巴。

馬雲的成長經歷告訴我們一個道理，那就是我們要熱愛自己的事業。蘋果公司已故總裁賈伯斯曾經說過：「要聽從自己內心的聲音，去做自己想做的事。」

愛迪生說：「一生中我從未做過一天工作，我每天都其樂無窮。」但是在局外人看來，愛迪生苦都苦死了，他幾乎每天工作十八個小時，吃飯、睡覺都在實驗室裡，幾乎沒什麼時間娛樂。但是愛迪生覺得，他一直在娛樂。

愛因斯坦的相對論告訴我們：「當你和一個美麗的姑娘坐上兩個小時，你會感到好像坐了一分鐘；但要是在熾熱的火爐邊，哪怕只坐上一分鐘，你卻感到好像是坐了兩小時。」所以，當你不熱愛你所做的事時，分分秒秒都是煎熬，哪裡有什麼快樂可言；當你熱愛這份工作時，它會像阿里巴巴的寶藏一樣，帶給你無窮無盡的快樂和驚喜。

馬雲說，人應該找到自己熱愛的事業，假如我們至今仍然沒有找到自己熱愛的事業，沒關係，只要我們堅持尋找，跟隨自己的心永不放棄，就一定會找到的。我們從事能給生命帶來價值並讓我們熱愛的事業，就能給我們的人生帶來使命感與充實感。

我們熱愛自己的事業，才能在工作中產生源源不斷的動力，生活才會快樂且充實。一個人如果想要成功，方法可以有很多，其中最簡單實用的方法就是熱愛自己的事業，對事業保持熱情、積極的進取心態，進一步實現自己的價值。一個奮鬥者要想獲得成功，需要付出很多艱辛，對工作一定要十分投入、處處用心，讓充滿激情的自己正視困難，這才是奮鬥之道。

# 3 興趣是最好的人生導師

「選擇自己感興趣的專業最重要！首先，大學不是培養如何找工作的，技校才是。其次，不要過於質疑大學的辦學方向，因為上大學≠有工作。再次，走出校門，千萬別迷戀文憑，學會柔軟身段，好師父大於好單位。最後，想清楚，選擇當下，還是選擇未來。」

——馬雲

馬雲認為：任何一個企業家面對的問題都很多，但無論如何，你一定要做你感興趣的事情。

當代著名的精神病專家威廉·孟寧吉博士在第二次世界大戰期間曾主持過美國陸軍精神病治療工作。他說：「在軍隊中，我發現了挑選和佈置的重要性，即讓適當的人去做適當的事的重要性以及使人相信自己工作的重要性。一個對自己的工作毫無興趣的人，會認為自己被安排在了一個錯誤的職位上，他會感覺自己懷才不遇，並由此導致情緒低落。在這種情況下，即使沒有患上精神病，也會留下精神病的隱患。」

事實正是如此，一個人如果不喜歡某項事務，卻被逼著去做，那麼效率一定是極低的，即使他迫於壓力，最終完成了這件事，也不一定做得好。相反，一個感興趣的人，他不僅能夠高效率地完成任務，還能充分發揮自己的創造性，將事情做到最好。

從小馬雲功課就沒好過，從小學到高中，他從來沒有「名列前茅」。不過，在任何時候，命運都非常公平。上帝關閉了你的一扇門，一定會為你開啓另外一扇窗。

十三歲那年，馬雲還在讀初中，班裡來了一位教地理的女老師。這位美麗的女老師講課生動有趣，學生們如沐春風。她曾在課堂上講過自己親身經歷的一件事。

有一次，她在西湖邊上欣賞風景，旁邊來了幾個外國遊客向她問路並諮詢杭州的旅遊景點。瞭解杭州地理的她，用一口流利的英語與外國朋友無障礙交流，外國朋友非常高興，連聲稱讚。最後，這位女老師總結道：「同學們，你們一定要學好地理，不然人家問咱們的時候，如果答不上來，多尷尬啊！」

説者無意，聽者有心。馬雲聽了之後，心情久久不能平復，他陷入了深思之中，心想：老師説學不好地理就會丟人，但是光學好地理卻不會説英語，那不是也沒用嗎？我對地理沒有興趣，但是我對英語興趣卻很大，我何不在這方面多多發展呢？

馬雲從此發憤圖強，苦學英語，他明確自己的興趣就是英語，便定下目標立志成為「杭州英語第一人」！從此，馬雲開始每天苦練英語，堅持聽英文廣播，還常去西湖邊背單詞、學語法。

那是二十世紀七〇年代末八〇年代初，來自世界各地的很多遊客紛紛湧入杭州，來欣賞號稱「人間天堂」的杭州美景。

在西湖邊，每當馬雲在背單詞時遇到外國遊客，他都主動湊上前和老外交流幾句。他還經常免費給老外做導遊，「呼哧呼哧」騎著自行車帶著老外在杭州城到處跑，只為了能跟老外多說幾句英語。

也許馬雲天生臉皮厚，他從來不怕出醜，更不在乎自己蹩腳的英語人家能不能聽懂，他只有一個信念，那就是只要給我機會說英語，別人怎麼說都不重要。馬雲孜孜不倦地苦練英語，日復一日，年復一年，他竟然成了老師和同學們公認的英語奇才。一個沒出過國的學生，英語口語如此流利的確是非常罕見的，甚至連老外都以為這個學生一定出過國，是從外面回來的「小華僑」。

後來馬雲能夠創業成功，流利的英語著實給他帶來不少便利，讓他在國內國外四處逢源。據馬雲後來回憶說：「在和這些外國人互動的過程中，我發現外國人的想法和我受到的教育有很大不同，讓我瞭解到外面還有另一個完全不同的世界。」

一個人的興趣極為重要，它是人們追求夢想的動力，讓人變得積極，更敏銳地去抓住機會，克服各種困難。因為自己有興趣，根本不用別人監督，就會努力用功，成績當然更容易取得。

# 4 誰說絕境裡開不出希望之花

「我認為，Ｂ２Ｃ跟Ｃ２Ｃ未來會融合在一起，Ｃ２Ｃ也是我看好的業務範疇之一，不過必須發展新的Ｂ２Ｃ模式才行，這個我再過兩年會給大家看看。簡單來說：Ｂ２Ｃ不是靠網上平台來消滅傳統企業，反而是幫助Ｂ如何去找到Ｃ，就是我經常說的經營哲學。天下沒有難做的生意，我就是要協助中小企業發展業務。」

——馬雲

馬雲認為，從商者很多時候都會被金錢蒙蔽，想盡辦法要把別人口袋的五元錢搬至自己的口袋裡，結果敗得慘烈。「為什麼不想想辦法助人致富？先把人家口袋裡的五元錢變成五十元，屆時人家賺了四十五元，一定願意給你五元錢。要賺客戶的錢時，先去想想客戶有沒有賺錢，這才是做生意之道。」

在互聯網產業中，馬雲總是這樣樂觀，這般積極，好像一切都在他的掌握之中。他經常不按常理出牌，總是喜歡顛覆傳統，標新立異。馬雲積極樂觀的精神給了他很大幫助，同時也告訴我們，要成功就必須學會挖掘出自己的積極情緒。生活中，我們無論是工作、學習都必須要積極。積極是成功之道，積極的心態非常重要，但學會挖掘自己的積極情緒更加重要。

我們每個人都希望事業有成，但事業有成並不是一味埋頭努力就可以的，積極的心態也非常重要。當一個人心情好時，他就能更積極地去把握事情，會考慮到更多更細的方面。同時，有好心情的人臉上會有笑容，會感染他人，會讓自己擁有面對困難的勇氣，能將事情做得更好。馬雲擁有挖掘積極情緒的本事，他對事物永遠都有自己獨到的看法，積極樂觀的態度讓他對互聯網行業瞭若指掌。一個人只有保持積極的心態，成功才會水到渠成。

一八三二年，他失業了。這顯然使他很傷心，但他下決心要當政治家，當州議員，糟糕的是他又失敗了。在一年裡遭受兩次打擊，這對他來說無疑是痛苦的。他開始著手自己開辦企業，可一年不到，這家企業又倒閉了。在以後的十七年間，他不得不為償還企業倒閉時所欠下的債務而到處奔波，歷盡磨難。

他再一次參加競選州議員時，終於成功了。他的內心萌發了一絲希望，以為自己的生活有了轉機。

一八三五年，他訂婚了，但離結婚還差幾個月的時候，未婚妻不幸去世。這對他的打擊實在太大了，他心力交瘁，數月臥床不起。

一八三八年，他覺得身體狀況良好，於是決定競選州議會議長，可他失敗了。一八四三年，他又參加競選美國國會議員，但這次仍沒有成功。

要是你處在這種情況下，會不會放棄努力？他雖然一次次地嘗試，但卻是一次次地遭受失敗：企業倒閉，未婚妻去世，競選敗北。要是你碰到這一切，你會不會放棄？

但他沒有放棄。一八四六年，他又一次競選國會議員，這次終於當選了。

兩年任期很快過去了，他決定要爭取連任。他認為自己作為國會議員的表現是很出色的，相信選民會繼續選他。但結果很遺憾，他落選了。

因為這次落選他賠了一大筆錢，他申請當本地的土地官員。但州政府把他的申請退了回來，上面指出：「做本州的土地官員要求有卓越的才能和超高的智力，你的申請未能滿足這些要求。」

他又遭遇了接連的兩次失敗。在這種情況下，你會繼續努力嗎？你會不會說：「我失敗了。」

然而，他沒有服輸。一八五四年，他競選參議員，失敗了；兩年後他競選美國副總統，獲得提名，結果還是被對手擊敗；又過了兩年，他再一次競選參議員，還是失敗了。

他嘗試了十一次，可只成功了兩次。要是你面臨這種處境，你會不會早就放棄了呢？

這個在九次失敗的基礎上贏得兩次成功的人便是亞伯拉罕・林肯，他一直沒有放棄自己的追求。他一直做自己生活的主宰。一八六〇年，他當選為美國總統。

為了人生的美好和快樂，不管遇到什麼艱難險阻，我們都不要讓內心絕望，而應秉持積極的心態，這樣我們才能走出重重陰霾，步入灑滿陽光的康莊大道。

積極的心態還有助於思考，一個人對其他人和社會都會產生一種感情，其外在表現是愛、憎或者中立。其中，愛與中立表現的是積極的心態，而憎表現出來的是莽撞行事，消極工作。所以，我們要把自己的心態保持在愛與中立的狀態下，多進行換位思考。馬雲就達到了這種境界，因此他才能有積極的心態，能夠進行正確的思考。當我們排除信條與偏見等諸多因素干擾時，也必須調整心態，以積極的心態去做事，形成良性循環，形成正確的思考，最終走向成功。

在緊鄰西太平洋的一個小村子裡，由於地處荒漠地帶，這裡常年看不到綠色，沒有一點生機。人們只能依靠政府從遠處運載食物和日用品度日。

有一年，加拿大一位名叫羅伯特的物理學家在進行環球考察時經過這裡。他在村子裡住了幾天後發現一個奇特的現象：除了村子裡的人，他沒有發現多少生命跡象，只有蜘蛛四處繁衍，生活得很好。

對於這一重大發現，羅伯特極為感興趣，他好奇為什麼只有蜘蛛能在如此乾旱的環境裡生存下來。於是，羅伯特把目光鎖定在蜘蛛網上。他借助電子顯微鏡細心觀察後發現，這些蜘蛛網具有很強的親水性，極易吸收霧氣中的水分，而這些水分正是蜘蛛能在這裡生生不息的源泉。

羅伯特開始在心裡琢磨：蜘蛛尚能如此，為什麼人類不能像蜘蛛織網那樣截霧取水呢？

在當地政府的支持下，羅伯特研製出一種人造纖維網，選擇當地霧氣最濃的地段排成網陣。這樣一來，空中的霧氣就會被反覆攔截，從而形成大量的水滴，這些水滴滴到網下的流槽裡，就成了新的水源。

據測算，這種人造「蜘蛛網」平均每天可截水多達上萬升，不但滿足了當地居民的生活用水，而且還可以用來灌溉土地，使這片昔日荒涼的荒漠裡呈現出了勃勃生機。

也許一百人來到這裡，就會有九十九個人不抱希望，然而羅伯特卻在這種看似絕望的環境裡發現了新的希望。實際上，在任何地方，任何事情上，都不存在真正的絕境，而之所以絕望，是人的心理在作祟。

因此，不管面對何種境況，我們都不必把它看作毫無希望的絕境，而應該換一種思維，在其中尋找新的希望。如果說我們的生活是一望無際的大海，那麼我們每個人便是大海上的一葉小「舟」。當海面風平浪靜的時候，那麼小舟就會輕鬆航行；如果海面掀起狂風巨浪，那麼小舟就要經受一番考驗。人生就是這樣，只要心存希望，那些來自外界的不幸不管多麼沉重，也不管多麼巨大，總會有一條路在我們腳下延伸開來。這個世界上，從來沒有什麼真正的「絕境」，一切都是相對的。所以，不管擺在我們面前的是怎樣的境遇和狀況，我們都不要忘了給自己一個希望，只要堅定了這個信念，我們就一定會找到新的出口，也就一定會戰勝那些看似難以跨越的困境。

馬雲認為，我們雖然不能改變世界，但能改變我們自己。儘管人生充滿了不如意，但也有不少的東西是我們自己完全可以把握住的，那就是我們對人生、對工作的態度。有人說過，積極的心態可以使你達到人生的頂峰，而消極的心態會使你一生貧苦和不幸。所以，請讓我們用積極的心態去快樂工作，去收穫美好的人生吧！

# 5 不辭職，就別抱怨「工作沒意思」

「有些年輕人經常是一上班就一個勁兒地抱怨：真沒意思，待在這裡工作真沒意思！我就奇怪了，既然沒意思，為什麼不辭職呢？這就是沒有敬業精神。」

——馬雲

無論你選擇了什麼，你要做的就是全身心地投入。

「事業」和「職業」雖然只有一字之差，但卻是兩種完全不同的概念和心態。職業是指個人在社會中所從事的作為主要生活來源的工作。事業指人所從事的具有一定目標、規模和系統，對社會發展有影響的經常性活動。

事業是終生的，而職業是階段性的。職業往往是對工作倫理規範的認同，比如自己從事了某項工作，獲得了一定的報酬，工作倫理規範就要求他盡心盡力完成相應的職責，如此才能對得起自己所獲得的報酬，職業往往僅是一種謀生的手段而已。事業則是自覺的，是由奮鬥目標和進取心促成的，是人們願為之付出畢生精力的一種「職業」。

曾經有一個年輕的小夥子挨家挨户地推銷網站。這個小夥子身上穿的是最廉價的襯衫，髮型很土氣，情緒很激動，表情很認真，嘴裡喋喋不休，因為形象怪異，人家一看就很不屑，以為他是一個騙子，即使不是騙子，也一定是那種沒素質又死纏爛打的推銷員。這個年輕人就是馬雲，成功創造阿里巴巴奇蹟的馬雲。

馬雲與他的團隊曾經合作過無數個項目，經歷了無數次失敗，每一次都是掏光了身上最後一分錢。他們把可以借到的錢都拿來創業了。起初他們創業不斷失敗，每一次都敗得一塌糊塗，但如果下一次還有機會，他們一定又會聚在一起創業。就這樣一次又一次，最終他們成功了。

在二〇〇五年中國經濟年度人物評選會上，主持人問馬雲：「阿里巴巴網站的成功，是否因為軟銀兩千萬美元的注入？你是否一直就想從事ＩＴ業？」馬雲笑著說：「當時從學校辭職時，我就想拿出十年的時間來做一件事。不管是做什麼，當時沒有想是網站或是其他什麼，哪怕是開一個餐館，我也會立即去做。」馬雲就是這樣一個人，他的成功取決於他的信念。我們同樣相信，即使馬雲要去開餐館，他依舊會永不言棄地將開餐館視為畢生事業，他也一定能成為中國餐飲界的大亨。

有人曾說過，如果一個人能把工作當成事業來做，那他就已經成功了一半。不幸的是，對多數人來說，工作不等於事業，在他們眼裡，找工作不過是養家糊口混日子。現實中，我們經常看到兩種人，一種是即使天天加班也很享受，另一種是偶爾加一次班也會牢騷不斷。

工作很苦很累，其中也蘊含了自己對人生、對工作的態度，不叫苦不叫累，把工作當成自己的事業，這才是通往成功的一條必經之路。而叫苦叫累的人只不過是將工作當成不情願卻不得已為之的勞役，他們是難以成功的。

這個社會分工越來越細，生產力也在不斷提高，工作也越來越具有多樣性。工作雖然是多樣的，但卻沒有高低貴賤的區別。我們必須堅信，自己從事的工作是有價值、有意義的。不管有沒有人欣賞我們，也不管我們屬於哪個級別，我們都要盡心盡力做好自己的工作。

許多年前，一個妙齡少女來到東京帝國酒店當服務員。這是她涉世之初的第一份工作，也就是說她將在這裡正式步入社會，邁出她人生的第一步。因此她很激動，暗下決心：一定要好好幹！可讓她沒想到的是，上司安排她洗廁所！

沒人會喜歡洗廁所，何況她還從未幹過粗重的活兒，細皮嫩肉，喜愛潔淨，幹得了嗎？當她用自己白皙細嫩的手拿著抹布伸向馬桶時，胃裡立馬翻江倒海，噁心得幾乎嘔吐卻又吐不出來，那種感覺太難受了。而她的上司對工作品質要求特高，高得駭人：必須把馬桶洗得光潔如新！

她當然明白「光潔如新」的含義是什麼，但她更知道自己不適應洗廁所這一工作，所以真的難以實現「光潔如新」這一要求。因此，她陷入苦惱之中，也哭過鼻子。她面臨著人生第一步怎樣走下去的抉擇：是繼續幹下去，還是另謀職業？繼續幹下去——太難了！另謀職業——難道就這樣知難而退？人生之路豈有退堂鼓可打？她不甘心就這樣敗下陣來。她想起了自己初來時曾下的決心：人生第一步一定要走好，馬虎不得。

在關鍵時刻，同單位的一位前輩及時地出現在她的面前，幫她擺脫了困惑，幫她邁好這人生第一步，更重要的是幫她認清了人生路應該如何走。

首先，他一遍遍地抹洗著馬桶，直到洗得光潔如新；然後，他從馬桶裡盛了一杯水，一飲而盡！實際行動勝過萬語千言，他沒用一言一語就告訴了她一個極為簡單的真理：光潔如新，要點在於「新」，新則不髒，因為不會有人認為新馬桶髒，也因為新馬桶中的水是不髒的，所以是可以喝的；反過來講，只有馬桶中的水達到可以喝的潔淨程度，才算是把馬桶洗得「光潔如新」了。

她目瞪口呆，恍然大悟，痛下決心：「就算一生洗廁所，也要做洗廁所裡最出色的人！」

從此，她認真負責地洗馬桶，不久之後，她的工作品質就達到了那位前輩的高水準。為了檢驗自己的信心，為了證實自己的工作品質，也為了強化自己的敬業心，她也多次喝過廁水。她很漂亮地邁好了人生的第一步，踏上了成功之路，開始了她不斷走向成功的人生歷程。

幾十年光陰轉眼而過，如今她已是日本政府的主要官員。她的名字叫野田聖子。

微軟創始人比爾・蓋茨先生說：「如果只把工作當作一件差事，或者只將目光停留在工作本身，那麼即使是從事你最喜歡的工作，你依然無法持久地保持對工作的激情。但如果把工作當作一項事業來看待，情況就會完全不同。」

無獨有偶，李嘉誠說：「無論未來從事何種工作，一定要全力以赴、一絲不苟。能做到這一點，就不會為自己的前途操心。」台灣經營之神、台塑集團創始人王永慶先生說：「一個人把工作當成是職業，他會全力應付；一個人把工作當成是事業，他會全力以赴。」

態度決定一切。一個人能否有所作為，關鍵在於他對工作的態度，看他是否將工作當成事業去做。

# 6 沒有溫度的心是無法燃燒的

「激情來得快，去得更快。你可以失敗，可以失去一個項目，但是你不能放棄。一個員工第一天晚上很晚下班，疲憊地離去；第二天一早，他又笑著回來了，這就是激情。激情是可以傳遞的。這樣一來，整個公司的氛圍就變好了。」

——馬雲

成功者需要天賦，需要能力，需要運氣，但更需要激情，沒有溫度的心是無法燃燒生命的。有人做過這麼一個實驗：

將一條最凶猛的鯊魚和一群熱帶魚放到同一個池子裡，然後用強化玻璃隔開。一開始，鯊魚每天都在不斷衝撞那塊看不到的玻璃。牠試了每一個角落，而且用盡了全力，但每次都弄得傷痕累累，甚至渾身破裂出血。鯊魚的激情持續了很久，也有了成效。可每當玻璃出現裂痕，實驗人員就馬上加上一塊更厚的玻璃。

後來，筋疲力盡的鯊魚終於不再衝撞那塊玻璃了。再後來，實驗人員將玻璃取走，這時鯊魚也完全沒有反應。牠每天只在固定的區域游著，已經徹底失去了最初的激情。

激情來源於人們對事物的強烈興趣，激情是催人奮發的力量，它能點燃我們創業所需的生生不息的動力。在對成功的追求上，我們不僅需要激情，還需要把這種激情保持下來，堅持到最後。

阿里巴巴的創立是從十幾個有激情、有理想的年輕人開始的，他們懷抱著創建一家偉大公司的夢想聚集到了一起。年輕的團隊容易產生激情，但是更容易因為挫折而失去激情，尤其是做一件從未有人做過的事，其難度將會更大，會有很多未想到的、出人意料的困難。很顯然，如果沒有持久的激情，在這些困難面前，退卻是很容易的事。

馬雲一直認為，短暫的激情是不值錢的，只有持久的激情才是賺錢的。在阿里巴巴的企業文化中關於「激情」的闡述是：樂觀向上，永不言棄；對公司、工作和同事充滿了熱愛；以積極的心態面對困難和挫折，不輕易放棄；不斷自我激勵，自我完善，尋求突破；不計得失，全身心投入；始終以樂觀主義的精神影響同事和團隊。

阿里巴巴內部經常會出現「裸奔」的場景，這是阿里巴巴員工在用特別的方式慶祝業績上的提升，展現自己的工作激情。有一次，在淘寶交易額超過目標值時，某部門雇員在部門經理帶領下愉快「裸奔」，男生脫掉上衣，甚至只剩下一條內褲。還有一次，一位「銷售冠軍」在一個寒冷的冬日跳下了杭州西湖，因為他和馬雲以年終業績打賭，而他輸了。

每次阿里巴巴舉行宴會等活動時，總能看到管理層「群魔亂舞」，同時員工的情緒也被最大限度地調動起來。在阿里巴巴的一場慶功會上，馬雲一會兒扮成維吾爾族姑娘，一會兒又扮成江南小城的普通漁夫；而阿里巴巴的首席財務官蔡崇信，這個被認為不好說話、極其嚴肅的人，也曾穿上女人的絲襪、在眾目睽睽下跳起纏綿的鋼管舞……

馬雲說：「激情來得快，去得更快。你可以失敗，可以失去一個項目，但是你不能放棄。」馬雲和阿里人靠著這種在外人看來近乎瘋狂的激情，形成了強有力的團隊凝聚力，大家向著共同的目標大踏步前進。

大多數成功者總是樂於尋求富有意義的挑戰，希望做的事情能夠挑戰自己的能力極限，從而令自己充滿激情。如果要將激情保持下去，就需要不斷調整自己的目標，在一次次應對危機的過程中鍛煉自己的能力，讓自己在競爭與挑戰中不斷提升。

# [第三章]

# 「教」是知識，「育」是機遇

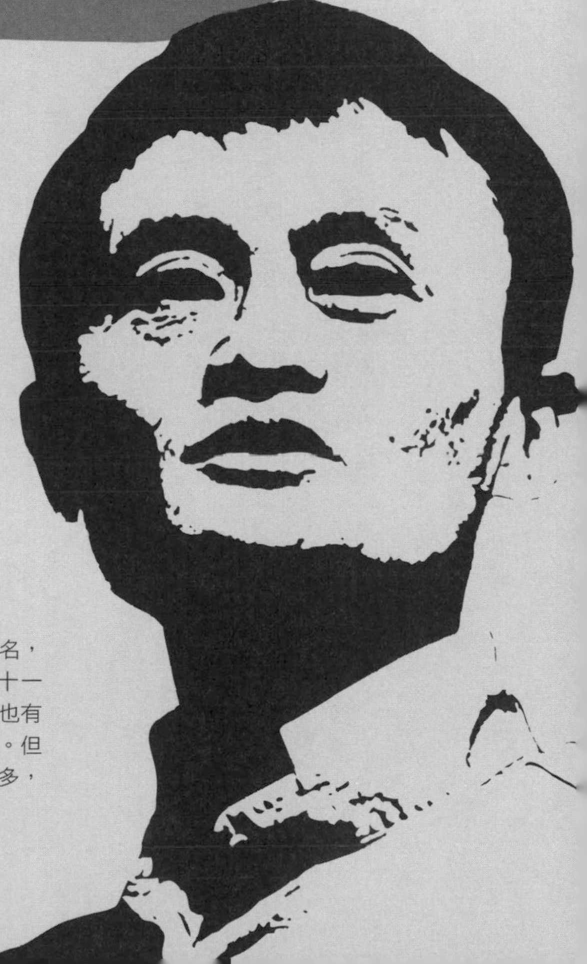

馬雲：「我在班裡面不是前三四名，也不會跌到十名以外，我考九十一分，努力考九十四分、九十五分也有可能，那樣我花的時間就太多了。但是我花時間跟別人玩，學到的更多，給自己更多的機會。」

# 1 機會就在身邊，找不到是你的錯

「人看機遇的四個階段：第一階段，看不見；第二階段，看不起；第三階段，看不懂；第四階段，來不及。」

——馬雲

機遇的存在是客觀的，它並不會因為人的喜惡而改變。不管你是什麼人，只要你發現了它，並能夠駕馭它，它總會帶給你不錯的回報。然而，能看到機遇的人畢竟是少數，這就是機遇可貴的原因了。其實，機遇並不是那麼難測，它的奧秘也不像許多人想像的那麼神秘、深遠。

機遇經常在你身邊，在你伸手搆得著的地方。一般說來機遇是平等的，因此有人總結出，人的成功取決於三大要素：天分、勤奮和機遇。有的人才華過人，有的人勤奮肯幹，可總與成功無緣，他們欠缺的便只是機遇了。而相當多的人能夠成功，就是因為他們善於抓住機遇。

談到阿里巴巴的成功時，馬雲有一個「時代決定論」。「這是互聯網改變世界和中國商業的大勢所趨，沒有我，也會有別人去做類似的事。」但為什麼偏偏是馬雲做起了阿里巴巴，是他比較幸運嗎？馬雲認為，他的成功源於他抓住了一兩個或三個機遇。

馬雲推出阿里巴巴時，互聯網剛剛興起，馬雲前瞻性地看到了互聯網行業的機遇，抓住了，並取得了成功。可這種新興的市場機遇並不是天天都存在的。我們日常遭遇的更多是日益飽和的市場，在巨頭盤踞的市場中，有沒有機遇呢？二〇一三年在首爾大學的演講中，馬雲指出：「在中國，有淘寶、百度和騰訊，我們已經沒有機會了嗎？我想在韓國情況相同，每個人都會覺得，已經有這家公司了，我們該如何生存？十年前，我對比爾．蓋茨也有同樣的想法。因為微軟，我沒有機會了；因為Google，我沒有機會了。不是，機遇無處不在。因為互聯網，因為雲計算，因為大資料，這個世界上每個人都有機會。」

在推出淘寶的時候，易趣雄霸中國市場，馬雲卻硬是從巨人手裡分一杯羹，最終後來居上，把淘寶做成了中國最大的Ｃ２Ｃ電子商務平台。緊接著，馬雲進一步地推出了天貓商城，進軍Ｂ２Ｃ領域，而當時Ｂ２Ｃ領域已經有卓越亞馬遜、京東商城、當當網等一些實力強大、影響力深遠的Ｂ２Ｃ平台，在這種形勢下，馬雲仍舊看到了機遇，它憑藉淘寶在Ｃ２Ｃ平台上的成功運作基礎和良好的品牌基礎，硬是在強敵林立的Ｂ２Ｃ領域佔據了一席之地，並且帶動了中國的電子商務市場一番新的高增長。

二〇一三年六月十九日，支付寶和天弘基金聯合發佈了「餘額寶」，這個產品上線不到六天，用户數量已經突破了一百萬。「餘額寶」是互聯網和基金理財產品融合的產品，將基金公司的基金直銷系統內置到支付寶網站中，用户在支付寶網站內將資金轉入餘額寶，即可購買天弘基金的增利寶貨幣基金，年收益率百分之三至四。「餘額寶」推出後，馬上集聚了超高的人氣，很多人又一次發出感慨，為什麼好機會都被馬雲抓住了！

「機會是上帝的別名」，可見機遇對於成功的重要性，發現並把握機遇可以說是通往成功的一條捷徑。為什麼馬雲那麼幸運，恰巧在美國碰到了互聯網，然後跟互聯網結下了不解之緣？其實，上帝是公平的，它給每個人的機遇是平等的，關鍵在於你是否善於發現。

馬雲的經歷告訴我們：機遇之所以不是僥倖，不僅是因為它需要我們積極主動地去爭取，更為重要的是，機遇總是與理想、信念不離左右，發現機遇可以成為我們實現理想、堅定信念的催化劑。

## 2 別人覺得不可能，才是真正的機會

在大家都覺得這是一個機會的時候，我們不去湊熱鬧。而在大家都還沒有開始準備，甚至避之不及的時候，往往正潛伏著最大的機會。

——馬雲

機遇就像一個精靈，它來無影去無蹤，令人難以捉摸。在實踐活動中，如果你能在時機來臨之前就識別它，在它溜走之前就採取行動，那麼，你就能抓住那數不清的財富。

每個人都渴望抓住機遇，很多的成功人士無不例外地都是機遇成就了他們的事業，機遇帶給了他們無盡的財富。但是機遇卻又稍縱即逝，極不容易把握，有時也許只存在萬分之一的可能，但是畢竟它存在著。只要有鍥而不捨的毅力去爭取，就一定能有所收穫，有所建樹。

馬雲出生在浙江杭州，那裡是中國經濟最成熟的長三角經濟圈，有著中國最為龐大的從事外貿業務的中小企業集群，是中國民營經濟最為活躍的地方。

作為土生土長的杭州人，馬雲對於中小企業的需求有著最為深刻的體會：購銷資訊的缺乏、產購資訊的不對稱，以及國際業務和轉口貿易的成本偏高，都是讓這些中小企業主十分頭疼而又一直沒有辦法解決的問題。

馬雲就從這裡看到了商機：中小企業使用電子商務將會是未來的一種趨勢。馬雲堅信：互聯網對於發展中國家是機遇，對中小企業是機遇，互聯網是以快打慢，以小搏大。競爭會迫使更多的企業上網。不上網的企業，會老不會大。

於是馬雲毅然放棄了在北京已經穩定的事業基礎，回到杭州，建立了自己的阿里巴巴，最終大獲成功。

馬雲的成功經歷告訴我們，他的成功並不是偶然，而恰恰是那種獨特的獵犬式眼光和遠見促成了他最終的成功。

有人說，馬雲創業的時候環境和機會比我們好，是他運氣好，所以成功了，但我們沒機會了。其實，這不過是一個藉口，這世界永遠是機會。當初微軟做起來時，人們都說沒人能超越微軟，後來出現了雅虎；人們說沒人能超越雅虎，後來又出現了eBay；人們覺得eBay已經很了不起了，又出現了Google；當人們覺得Google已經像太陽一樣無法被超越了，又出現了Facebook。

既然如此，我們為何不向馬雲學習呢？機會也許就在別人看不清的時候才是機會，若所有人都能看懂，又何談先機呢？要學會善於辨認真正機會的本事，因為只有這樣才能帶來成功。

十九世紀中葉，美國人在加利福尼亞州發現了金礦，這個消息就像長了翅膀，很快就吸引了很多的美國人。在通往加利福尼亞州的每一條路上，每天都擠滿了去淘金的人。他們風餐露宿，日夜兼程，恨不得馬上就趕到那個令人魂牽夢縈的地方。

在這些做著美夢的人流中，有一個叫菲力浦·亞默爾的年輕人，他當年才十七歲，是一個毫不起眼的窮人。

就是這個年輕人，後來卻做出了使人感到驚奇的事情。到了加利福尼亞州之後，他的「黃金夢」很快就破滅了：各地湧來的人太多了。茫茫大荒原上擠滿了採金的人，吃飯、喝水都成了大問題，剛開始的時候，亞默爾也跟其他人一樣，整天在烈日下拚命地埋頭苦幹，一天都是口乾舌燥。

亞默爾很快就意識到，在這裡，水和黃金一樣貴重。他曾經不止一次地聽到人說：「誰給我一碗涼水，我就給他一塊金幣！」可是很多人都被金燦燦的黃金迷住了，沒有人想到去找水。

亞默爾想到了，他很快就下了決心，不再淘金了，弄水來賣給這些淘金的人，賺淘金者的錢。賣水其實很簡單，挖一條水溝，把河裡的水引到水池裡，然後用細沙過濾，就可以得到清涼可口的水了。他把這些水分裝在瓶裡，運到工地上去賣給那些口乾舌燥的人。那些人一看到水，就像蒼蠅發現血跡，一下子就擁了過來，紛紛拿出自己的辛苦錢來買亞默爾的水解渴。

看到亞默爾的舉動，很多淘金者都感到很可笑：這傻小子，千里迢迢跑到這裡來，不去挖金子，而幹這玩意兒，沒出息！

這本身就是一個大膽的決策，亞默爾自然不會被這些話嚇回去，依然我行我素，天天堅持不懈，一直在工地上賣水。

經過一段時間，很多淘金者的熱情減退了，本錢用完了，血本無歸，兩手空空地離開了加利福尼亞州。亞默爾的顧主越來越少，他也應該走人了。

這時，他已經淨賺了六千美元，在那個年代，擁有這些金錢的他已經算是一個小小富翁了。

人要在有限的生命中創造出大事業，僅靠苦幹蠻幹是行不通的，要靠你富有智慧的大腦，要靠你那犀利的雙眼看準時機去把握機遇，將它變成現實的財富，這才是你智慧的體現。

機遇總是那麼短暫而又不可多得，因此，我們總是在為機遇而不停地準備著。我們做夢都盼望著機遇的到來，而一味地等待或許會讓我們痛失良機。

馬雲認為，要想抓住機遇，就必須具有識別機遇的眼光。我們處在一個充滿機遇的世界，隨時都有好機會出現在我們面前。但是，我們能不能認出它是一個好機會，則是關鍵。

# 3 在危機中尋找生機

「危機來的時候，我就有一種莫名的興奮，我的機會來了。」

——馬雲

提到機遇，人們總會想到美好的未來，充滿了嚮往，可提到危機，人們總是心存恐懼，恨不能離得越遠越好。然而，世事多變，沒有絕對的機遇，也就沒有絕對的危機。事實證明：在通往成功的道路上，從來少不了危機的身影。

美國前總統尼克森曾說過：「漢字用兩個字元來書寫Crisis這個單詞。『危』字代表危險的意思，『機』字則代表機會的意思。身處危機中，意識到危險的同時，不要忽略機會的存在。」在某些情況下，「危機」可能就是你的「轉機」，正如那句名言所說「塞翁失馬焉知非福」，只要沒到最後一刻，就不要輕易給「危機」下結論，把精力用在思考補救的辦法上，它就一定會被你的信心和勇氣化解。

二〇〇三年春天的廣州交易會（簡稱廣交會）如期舉行，不巧的是，廣州暴發了「非典」疫情，對於廣州這個災區，人們能避則避，可馬雲為了信守承諾，考慮再三，還是派人去了廣交會。很不巧的是，從廣州回來的一名員工出現了發燒症狀，被診斷為杭州第四例「非典」疑似病人，阿里巴巴公司總部近五百名員工被迫隔離。在當時的敏感時期，這一事件還上了《人民日報》，《人民日報》將其定性為「麻痹的代價」，「為什麼要在這個時候派員工去廣交會」的指責一一指向了馬雲。

「非典」除奪去人的生命外，它更能在無形中置企業於死地。試想，如果因為所有員工被隔離在家，導致阿里巴巴網站癱瘓十天，那麼阿里巴巴四年的苦心經營必將付諸東流，剛剛起來的銷售勢頭也將隨風而去，阿里巴巴就會陷入死亡的深淵。

阿里巴巴到了生死存亡的關鍵，馬雲個人又備受譴責。當時，他的壓力非常大，但是他卻選擇用堅定、樂觀的情緒穩定全域。他給全體員工發了一封公開信：

「今天，阿里巴巴正面臨著自成立以來最大的一次挑戰……我為有這樣的年輕人而驕傲，我為自己能在這樣的公司工作而自豪！我也希望阿里的家人朋友們為你們這樣的年輕人，這樣敢於接受挑戰的年輕團隊而鼓掌！因為你們沒有選擇恐慌、退縮和悲觀！這是阿里價值觀的作用！在這個非常時期，請發揮阿里人群策群力的傳統，在二〇〇三年五月十五日之前（或更長時間），無論你在公司、在家裡，還是在醫院，請銘記阿里人的使命和價值觀，在完全確保自己和他人健康安全的情況下，全力以赴地為我們的客户服務。」

阿里巴巴上下都看到了馬雲這封信，慌張、躁動的心慢慢平穩了，大家開始把心放到工作上。在阿里巴巴被隔離的時間裡，五百多名員工全部在家裡上班，按部就班、各司其職，「每天該幹什麼還是幹什麼，只是不像以前一樣面對面，到中飯的時候，就去弄點吃的，下午一點多就會回到電腦前，晚上八九點員工還一起在網上娛樂。」有員工回憶説，所有員工通過網路、電話溝通聯繫，保證了所有客户沒有人抱怨。

那段時間，阿里巴巴的客户會感覺比較奇怪，有時撥打服務電話，接通了，卻會傳來老人的聲音：「你好，阿里巴巴。」原來，阿里巴巴員工把服務電話轉接到了家裡，他們還會特意囑咐家人：「有電話打進來，你一定要説：『你好，阿里巴巴。』」就這樣，除了一點點奇怪外，所有客户都沒有發現異常，隔離結束後，馬雲提到公司全體員工曾經被隔離了，很多客户都難以相信。

穩定了軍心後，馬雲還不忘因勢利導，「借勢造市」。從二〇〇三年四月二日起，在中央電視台第一、第二套節目黃金時間開始滾動播放阿里巴巴網站的廣告，宣傳在阿里巴巴從事電子商務不受「非典」羈絆的特色。當時，很多中小企業和他們的國外客户被困在了家裡，他們看到這一廣告後，就嘗試性地接觸阿里巴巴，並很快發現：「哦，原來我們還可以這樣做生意。」

在「非典」肆虐的二〇〇三年第一季度，阿里巴巴迎來了騰飛的機會，這一季度註冊用戶增長了百分之五十、點擊量增長了百分之三十。阿里巴巴的品牌開始深入人心，「非典」過後，阿里巴巴的業務人員出去跑企業，基本上不用再向客户介紹阿里巴巴是什麼和如何應用。

馬雲在「非典」期間的靈活應對，不僅把危機變成了機會，把阿里巴巴的品牌推廣開來，迎來了阿里巴巴的騰飛，他還在這個關鍵時期，有效地凝聚了人心，把阿里巴巴團隊打造得更有戰鬥力。「當絆腳石變成墊腳石時，你就是生活的勝者。」這句話一點兒也不錯。當一般人都在苦難中思考如何將自己的損失在危機中降到最低時，成功者卻在危機中尋找轉機存在的蛛絲馬跡。

有人說：「用勇敢去改變可以改變的，用堅強去承受不能改變的，但是我們要用智慧分辨兩者的區別。」這句話告訴我們，當人在陷入絕境時往往會孤注一擲，就如同輸急了的賭徒急於翻本一樣。而在順境時失去了理性的思考，也常常是失敗的開端。

馬雲在一次演講中說道：「人的一生可謂危機四伏，但只要我們遇到危機時耐心思慮、機智妥善地應對並把握好時機，定會使危機變為轉機。」

因此，當我們在絕境時，更需要的是堅持的勇氣，要相信自己。其實絕境更多的是對人心智的一種考驗，我們既然已經走到了這一步，就應該不顧一切去堅持，這樣至少不會後悔。

# 4 幸運女神不會等你準備好才光顧

「我練過太極拳，太極拳要求專注，別看繞來繞去，要適時出擊。」

——馬雲

在瞬息萬變的現代社會中，機遇可說是無處不在，無時不在，關鍵是看你能否把握住它。在萌發機遇的土壤裡，每一個人都有成功的機會。面對眾多的機遇，你要啟動你的慧眼，然後選擇一個最有利於自己的機會，徹底放棄其他的機會。有人抓住了它，於是一躍而上，踏上了成功的「天橋」；有人一葉蔽目，錯失了眼前晃動的機緣，結果一生碌碌而過。

馬雲認為：如果我們想成為強者，就應當以自主的行動去創造機會，這樣機會才能光臨我們，才可能為自己所有，並在自己的人生中升值。

眾所周知，馬雲創辦的淘寶網已經成功走出了中國，從二〇〇五年第一季度開始就已經成為了亞洲最大的購物網站。同時，馬雲是中國大陸第一位登上美國《富比士》封面的知名企業家，也是最早在中國互聯網領域開拓並堅持的企業家，他和他的團隊創造了許許多多的奇蹟，也贏得了互聯網領域中很多的「第一」頭銜。

哈佛大學兩次將馬雲和阿里巴巴經營管理的實踐收錄為教學案例，還引用了馬雲對阿里巴巴的核心價值的闡述：「我認為阿里巴巴的價值不在於每天的流覽量是多少，而在於能否給客戶帶來價值。」

那麼，馬雲如此成功的秘訣是什麼呢？沒錯，是機會。馬雲成功抓住了他人生中的幾次重大機會，因此他才可以做得如此成功。

我們不得不承認，機會不會等我們準備好了之後再到來，在其他人沒有準備好時，馬雲卻可以很好地抓住這些機會。

馬雲於一九九五年四月創辦了「中國黃頁」網站，這在當時無疑是一個首創性的壯舉。馬雲在美國西雅圖第一次接觸互聯網，並認定這是一個不容錯失的機會，於是他便很快創立了「中國黃頁」這個全球第一家網上中文商業資訊網站，可見他並沒有經過太多的準備，而他在沒有準備好的情況下就已經抓住了這次機會，並在國內最早形成面向企業服務的互聯網商業模式。

此外，阿里巴巴的創立、淘寶網的開創都是很好的例子。當這些機會來臨時，完全不懂互聯網技術的馬雲又何談去準備呢？他只是在沒有準備好的情況下就成功抓住了這些機會，最終獲得了巨大成功，他的成功或許就是這樣簡單。

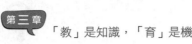

馬雲認為，機會一旦錯過，就不再是機會了。與其花很多時間去準備，再去下手，最後徒勞無功，還不如直接抓住機會。

有很多人都在苦苦等待機會降臨在自己的身上。殊不知，一味等待機會的降臨是一種多麼無知而可笑的想法。我們千萬不要以為機會像是一個到家裡來的客人，它會在我們的家門口敲門，等待我們開門把它迎進來。僅憑這種祈求和等待，我們將永遠也沒有機會，永遠也不可能成功。

一天，一位貴族的府邸正要舉行一場盛大的宴會，主人邀請了一大批客人。就在宴會開始的前夕，負責餐桌佈置的點心製作人員派人來說，他設計用來擺放在桌子上的那件大型甜點飾品不小心被弄壞了，管家急得團團轉。

這時，西格諾府邸廚房裡幹粗活的一個僕人走到管家的面前怯生生地說道：「如果您能讓我來試一試的話，我想我能造另外一件來頂替。」

「你？」管家驚訝地喊道，「你是什麼人，竟敢說這樣的大話？」

「我叫安東尼奧・卡諾瓦，是雕塑家皮薩諾的孫子。」這個臉色蒼白的孩子回答道。

「小傢伙，你真的能做嗎？」管家將信將疑地問道。

「如果您允許我試一試的話，我可以造一件東西擺放在餐桌中央。」小孩子顯得鎮定一些。

僕人們這時都手足無措了。於是，管家就答應讓安東尼奧去試試，他則在一旁緊緊地盯著這個孩子，注視著他的一舉一動，看他到底怎麼辦。這個廚房的小幫工不慌不忙地要人端來了一些奶油。不一會兒工夫，不起眼的奶油在他的手中變成了一隻蹲著的巨獅。管家喜出望外，驚訝地張大了嘴巴，連忙派人把這個奶油塑成的獅子擺到了桌子上。

晚宴開始了。客人們陸陸續續地被引到餐廳裡來。這些客人當中，有威尼斯最著名的實業家、有傲慢的王公貴族們，還有眼光挑剔的專業藝術評論家。但當客人們一眼望見餐桌上臥著的奶油獅子時，都不禁交口稱讚起來，紛紛認為這真是一件天才的作品。他們在獅子面前不忍離去，甚至忘了自己來此的真正目的是什麼了。結果，這個宴會變成了對奶油獅子的鑑賞會。客人們在獅子面前情不自禁地細細欣賞著，不斷地問西格諾·法列羅，究竟是哪一位偉大的雕塑家竟然肯將自己天才的技藝浪費在這樣一種很快就會融化的東西上。法列羅也愣住了，他立即喊管家過來問話，於是管家就把小安東尼奧帶到了客人們的面前。

當這些尊貴的客人們得知，面前這個精美絕倫的奶油獅子竟然是這個小孩倉促間完成的作品時，不禁大為驚訝，整個宴會立刻變成了對這個小孩的讚美會。富有的主人當即宣佈，將由他出資給小孩請最好的老師，讓他的天賦充分地發揮出來。

西格諾・法列羅果然沒有食言，但安東尼奧沒有被眼前的寵幸衝昏頭腦，他依舊是一個純樸、熱切而又誠實的孩子。他孜孜不倦地刻苦努力著，希望成為皮薩諾門下一名優秀的雕刻家。

也許很多人並不知道安東尼奧是如何充分利用第一次機會展示才華的。然而，卻沒有人不知道後來著名雕塑家安東尼奧・卡諾瓦的大名，也沒有人不知道他是世界上最偉大的雕塑家之一。

勵志大師卡內基曾說過：「沒有機會，這是失敗者的推諉，許多奮鬥者的成功，都是用他們自己的能力去創造機會。」

也許我們沒有機會，更沒有準備好去迎接機會，但我們必須要有一顆勇敢的心，一顆不畏懼失敗的心，只有這樣我們才能越來越接近成功。但問題的關鍵是，我們是否能在沒有機會，也沒有準備好接受機會的前提下，擁有一顆越挫越勇的心呢？

# 5 機遇會喬裝成困難

「多數人的毛病是，當機會衝奔而來時，人們兀自閉著眼睛，很少人能夠去追尋自己的機會，甚至在絆倒時，還不能看見它。所以，想要成功很簡單，只要在機會迎面而來的時候，勇敢地接著它。」

——馬雲

人生一世，有多少困難，有多少挑戰，就會有多少機遇。機遇往往喬裝成困難，擋在你通向成功的路上，如果你不敢與之交手，那麼也就無法認清它的真面目，白白失去了成功的機會。

二〇一一年，有消息傳出，阿里巴巴將收購雅虎中國，消息一出，一片譁然。雅虎成立於一九九五年，輝煌時期，曾與微軟、甲骨文並列為世界ＩＴ三大巨頭。此後雖然業務停滯不前，但瘦死的駱駝比馬大，它的郵箱、搜索等業務在全球仍擁有廣泛客户。同時，它在美國通信市場扮演著非常重要的角色。不僅如此，雅虎手上握有的

阿里巴巴、雅虎日本股權等亞洲業務均被投資者們廣泛看好。如果阿里巴巴如願將雅虎併入囊中，這將是繼聯想集團二〇〇四年年底收購ＩＢＭ（國際商業機器公司）的ＰＣ（個人電腦）部門以後，中國企業最重大的一次海外併購案。阿里巴巴能吞下雅虎這頭大象嗎？

有人說馬雲是癡心妄想，此次收購困難重重，有人說這又是馬雲的一次作秀，借雅虎炒作自己，面對外界的多種評論，馬雲很淡定。二〇一一年八月十一日下午，馬雲在「阿里巴巴全面收購雅虎中國」發佈會上正式宣佈：「一個ＣＥＯ（首席執行官）最主要的是對機會說ＮＯ（不），如果對與雅虎合作這樣的機會說ＮＯ那就太愚蠢了，我覺得這是一個非常難得的機會，不僅在中國少見，在全世界也是獨一無二的機會，如果不抓住這樣的機會，會終生遺憾，更何況這樣的機會我等了七年，我蓄謀已久了，楊志遠也盼望了七年，這次合作將實現雙方長期的夙願。」

其實，馬雲之所以看重雅虎，是因為他看重雅虎的搜索技術，他認為，全世界的電子商務離不開搜尋引擎，全世界的搜尋引擎也離不開中國的搜尋引擎。因此，在搜尋引擎上全力投入是阿里巴巴未來發展的一個重點，而雅虎在搜索方面的人才、技術都是非常難得的，併購了雅虎，阿里巴巴在搜索上的發展將如虎添翼。

機會是稍縱即逝的，該出手時就大膽出手。在當時的收購環境下，阿里巴巴收購雅虎面臨著不少難題，首先，美國的政治審核非常嚴格，達成收購需跨過美國「國家安全」門檻。其次，雅虎內部董事之間存在不同派系的鬥爭，這或許會成為達成協議的阻力。另外，併購涉及將近兩百億美元，錢也是一個問題。最後，微軟、銀湖、DST等機構也表示出了收購意向，阿里巴巴如何勝出也是一個問題。

經過一番交涉和斡旋後，雖然困難重重，但是阿里巴巴與雅虎還是達成了收購意向，馬雲用實際行動向世界證明了，自己有敢於和高手過招兒的能力，自己能快、狠、準地出手抓住機會。

任何時候，困難都和機遇同在，當困難過去，也就意味著機遇要降臨。因此，遇到困難，不要選擇放棄，放棄了困難，就是放棄了機遇。挫折就是階梯，挫折就是機遇，挫折就是成功的開始。這個世上確有不少被埋沒的人，但是，對於一個優秀的人來講，不管他處在何種逆境之下，也一定可以取得某種程度的成功。不管遭遇多大的困難，他們也絕不會沮喪，縱使遭受再大的挫折，也能重新站起，勇往直前。

由於經濟蕭條，開著一家小型乾洗店的丹尼夫婦生活十分拮据。丹尼想賺錢貼補家用，但既沒上過大學，也沒有特殊才能，實在不知道做什麼。這時她突然想到高中的英文老師，那時她鼓勵丹尼往新聞報導方面發展，並指派丹尼擔任校刊的編輯，丹尼自忖：「我可以為本地小型週報寫《購物指南》這類專欄，賺些稿費償付貸款。」

丹尼來到一家報社，在說明來意後，報社的負責人對她搖搖頭說：「抱歉，經濟不景氣。」情急之下，丹尼想出個好主意，刊登《購物指南》，自己負責找廣告商。這雖然是一個不錯的主意，但報社負責人卻勸她別抱太大希望，因為可能找上一星期也不會有什麼下文。

只要有機會就可以，丹尼不害怕困難，她努力去爭取廣告商。她的做法果真奏效，她用這份收入不但償還了貸款，同時還買下了鮑比為她找到的二手車。由於工作量增加，丹尼請了一位高中女孩來照顧小孩，時間是每天下午三點至五點，三點一到，她便抓起報紙，匆匆忙忙出門會見客户。

如果一直這樣下去，丹尼夫婦的生活很快便可達到小康。但是，天有不測風雲，一天，丹尼到客户的店裡收取廣告方案時，卻一一遭到拒絕。原來他們發現瑞塞爾藥局的老闆盧賓・阿爾曼先生並沒有在丹尼的專欄上刊登廣告，他的店是本地生意最好的，如果他不肯選擇丹尼的刊物，那表示丹尼的廣告效果大概不理想。

客户的拒絕對丹尼的打擊很大，因為她以前拜訪過阿爾曼先生多次，他總是以「外出」或「沒時間」等理由拒絕見她。丹尼不能放棄，她的房屋貸款全靠這幾個廣告客户。丹尼咬了咬牙，決定接受這次挑戰，再去找阿爾曼先生談談，他是個德高望重的好人，或許會給她一個機會。如果他肯跟丹尼合作，那麼其他的客户自然也會跟進。

丹尼懷著沉重的心情走進阿爾曼先生的藥局。阿爾曼先生在櫃檯後面忙碌著。丹尼臉上堆滿笑容，手上拿著刊有《購物指南》的報紙，開門見山地向他表明來意：「您的意見一向很受重視，可否請您抽個空兒，看看我的作品，給我一些指教！」

阿爾曼先生毫無所動，勉強聽丹尼說完，嘴角立刻往下拉，堅決地擺著手說：「不必了。」看著他斬釘截鐵的表情，丹尼的心像是瓶子摔在地上一般粉碎了，不知怎樣收拾才好。一切的希望都破滅了。

丹尼感到沮喪極了，她疲倦地在藥局前面的紅木小吧台前坐了下來，這是一個滿頭白髮的慈祥的老婦人開的。丹尼不好意思白坐，她掏出身上最後一枚硬幣，買了一杯可樂。她要慢慢釐清頭緒，對於這個客户她一定要爭取。

這時耳邊傳來一個溫柔的聲音：「夫人，您有什麼心事嗎？」

丹尼抬起頭來，是那個老婦人，她正慈祥地看著她，丹尼搖了搖頭。

那個老婦人說：「不要悲傷，無論你遇到什麼困難，總有辦法解決的。」

丹尼感覺到一陣溫暖，忽然她對老婦人說：「我可以免費為您在雜誌上做廣告。」

「為什麼？」

「只因為這句話，謝謝您的鼓勵，一切都會過去的。」丹尼一下子充滿了力量，這一刻，她決定繼續努力，一定要攻克這道難關。

老婦人接過丹尼遞來的那篇《購物指南》，仔細閱讀了一遍，看完後，她從椅子上站了起來，對著櫃檯那邊，中氣十足地喊了一聲：「盧賓，過來一下！」丹尼驚異地看著事態的發展，這個老婦人喊的人就是阿爾曼先生，她要阿爾曼先生在丹尼的專欄上刊登廣告。原來，她就是阿爾曼太太。問題就這樣輕而易舉地解決了。

小吧台旁的那番談話改變了丹尼後來的境況，她的廣告事業越做越大，後來擴大到四家分公司，雇有員工兩百八十五人，負責的廣告方案多達四千個。前一陣兒，阿爾曼先生裝修店面，撤走了那個小吧台。丹尼的丈夫把吧台買來，擺在丹尼的辦公室裡。每當有客人光臨，丹尼總愛請他們到小吧台旁坐坐，招待他們喝杯可樂，然後提醒他們千萬別放棄，機會可能就站在我們身邊。

所有的失敗並不意味著都是壞事，人們需要失敗來鍛煉自己的能力，同時，也需要失敗來轉換自己的思維視角，只要你不放棄，機遇總會被你發現，無論它躲得多麼隱秘。困難的存在，就意味著機遇即將誕生。

# 6 抓不住機遇的人，給你一百次機會也沒用

「一個行業注意它的人越少，它就越有發展的前景。別人不注意它，你注意了，你就是有眼光的。」

——馬雲

一個具有敏銳洞察力的人，他總是會留意身邊的事情，哪怕是一些小事，也不願意放過。他們往往能夠通過這樣的小事，看到其中的不凡之處，通過進一步的深入思考，取得一些成功，享受一些意外的幸福。

日常生活中，會有各種各樣的事發生，有些事平淡無奇，有些事則能使人大吃一驚。一般而言，對於那些使人大吃一驚的事，人們倍加關注，而那些平淡無奇的事，往往被人們所忽視，但它卻可能包含更大、更重要的意義。

在馬雲創業之初，「二八定律」剛從美國傳入中國，風靡一時，百分之二十的大企業掌握著百分之八十的財富，服務好這百分之二十的大企業就掌控了財富線，大家對這個理念都深信不

疑。可馬雲偏偏反其道而行之，瞄準了百分之八十的中小企業。

「如果把企業也分成富人窮人，那麼互聯網就是窮人的世界。因為大企業有自己專門的資訊管道，有巨額廣告費，小企業什麼都沒有，他們才是最需要互聯網的人。而我就是要領導窮人起來鬧革命，為小企業謀生存，求發展。」一開始，馬雲對阿里巴巴的定位就是通過互聯網提供一個平台，將全球中小企業的進出口資訊彙集起來，讓中小企業能走向世界。

馬雲生長在中小企業發達的浙江，他從最底層的市場摸爬滾打過來，深知中小企業的困境。馬雲說：「像沃爾瑪這樣的大型採購商，曾滅掉了許多中小企業採購商。例如市場上一支鋼筆訂購價是十五美元，沃爾瑪開出八美元，但是一千萬美元的訂單，供應商不得不做。但如果第二年沃爾瑪取消訂單，這個供應商就完了。而通過互聯網，這個小供應商就可以在全球範圍內尋找客戶，悲劇即可避免。由於阿里巴巴的出現，現在大部分中小企業採購商和銷售商都已經把生意做到世界各地。因此，我認為世界已經改變了。我堅信小的就是好的。」

專注中小企業，為中小企業服務，這在當時確實不啻為一種革命性口號。阿里巴巴創立的頭幾年，企業聚集得越來越多，可就是不見盈利，很多人為馬雲捏著一把冷汗，馬雲卻堅信，阿里巴巴的未來一定會有無限光明，「在現在的經濟世界，大企業是鯨魚，大企業靠吃蝦米為生。而蝦米又以吃鯨魚的剩餐為生，互相依賴。而互聯網的世界則是個性化獨立的世界，小企業通過互聯網組成獨立世界，這才是互聯網真正革命性的所在。小企業好比沙灘上一顆顆石子，通過互聯網可以把一顆顆石子全黏起來，用混凝土黏起來的石子們威力無窮，完全可以與大石頭抗衡。」

比爾・蓋茨宣佈退休時，有人問他：「你認為下一個比爾・蓋茨是誰？」他毫不猶豫地回答：「是馬雲。」比爾・蓋茨把馬雲看成是自己的接班人。互聯網浪潮潮起潮落，很多曾經的「數位英雄」已經成了陳年往事，唯有馬雲這個英語教師出身，自稱對互聯網一竅不通的人屹立不倒，甚至越發挺拔，原因何在？這是因為作為「中國中小企業教父」的他，背後站立著太多太多的擁護者。「這個世界誰不關注中小企業，誰就不在關注自己的未來。中小企業如果不能發展，大企業就更不能發展。」如今，沒有誰再敢質疑馬雲的這句話了。

機遇是指能促進事業獲得成功的偶然的或一閃即逝的現象、先兆或時機。生活中，人們經常遇到一些很小的不方便，如果在此基礎上進行一些小改動或小發明，就可能成為賺錢發財的好機遇。可為什麼這種人人都會遇到的小麻煩，卻只被少數人抓住了、發了財呢？這就是是否善於發現機遇的問題了。

一九七三年，年僅十五歲的格林伍德收到別人送給他的聖誕禮物——一雙冰鞋，他非常高興，因為他一直渴望滑冰。這個願望終於實現了。

拿到這件禮物後，格林伍德馬上就跑出屋子，到離家很近的冰河上去溜冰。可能是他初次溜冰的原因，他感覺天氣太冷了，一溜冰，耳朵被風吹得像刀子割般發疼。他戴上了皮帽子，把頭和腮幫子捂得嚴嚴實實，結果時間長了，又悶又熱直流汗。

格林伍德想，應該做一件能專門捂住耳朵的東西。他終於琢磨出一個大概的樣子，回家後讓媽媽照他的意思縫了一雙棉耳套。

格林伍德戴上棉耳套去溜冰，果然起到了保暖作用。一些朋友看見，都向他要。格林伍德和媽媽商量了以後，把祖母請來，一起做耳套。經過幾次修改，耳套做得更實用、更美觀了。格林伍德把它叫作「綠林好漢式耳套」，並且向美國專利局申請了專利，格林伍德因為這項專利，成了千萬富翁。

如果把這種生活中司空見慣的東西換個角度去看、去想，往往會發現其中隱藏的許多機遇。機遇是那樣廣泛地存在著，它又是那樣的公平與客觀。當你失去機遇時，你不能怪誰，只能怪自己。它一直在那兒，你卻沒發現，別人發現了，那是因為他腦筋轉得快。機遇是從來不會主動投懷送抱的。

羅忠福也是在一次偶然的機遇中成為「沙發大王」的。那時，正準備新婚的羅忠福正為跑遍全遵義市買不到沙發而發愁，但是，他在一次偶然的機會發現了廢舊汽車裡的軟車座構造與沙發相似，而他瞭解沙發的製作原理，也不過就是坐墊下有幾個彈簧而已，這對於鉗工羅忠福來說，做一座沙發是輕而易舉的事。

妻子對新房裡自製的沙發稱讚不已，這觸發了羅忠福的靈機，我何不辦個傢俱廠呢？經過市場調查，羅忠福發現，遵義乃至全國都有巨大的沙發潛在市場。說做就做，羅忠福辦起了第一家屬於自己的工廠。工廠一開始就紅紅火火，幾百套沙發剛做成就銷售一空。一九七九年，他居然還在中央電視台打了傢俱廣告，一代「沙發大王」就此誕生了。

誰也不可否認，知道沙發下面是彈簧又有能力自己做的人在全國絕不是少數，也許已經有人自製過沙發。可見，這個沙發潛在市場的機遇對大家來說是客觀平等的。羅忠福腦子比別人領先了一步，不但自己做沙發，還意識到了機遇就在眼前。所以，這個客觀平等的機遇也很公平地被羅忠福發現了。

馬雲說，捕捉機遇一定要處處留心，獨具慧眼。其實只要你仔細留心身邊的每一件小事，這每一件小事當中都可能蘊藏著相當的機會，成功的人絕不會放過每一件小事。他們對任何事情都極其敏感，能夠從許多平凡的生活事件中發現很多成功的機遇。

人們也許根本不會想到，風靡全世界，曾影響幾代人生活的牛仔褲竟是一個名叫李維・施特勞斯的小商販發明的，他製造的第一條牛仔褲竟然是美國西部淘金工人的工裝褲。

十九世紀五〇年代，李維・施特勞斯和千千萬萬年輕人一同經歷了美國歷史上那次震撼人心的西部移民運動。這場運動不是由政府發動，而是源於一則令人驚喜的消息：美國西部發現了大片金礦。

消息一經傳出，美國立即刮起一股向西部移民的旋風。滿懷發財夢的人們，攜家帶口紛紛擁向通往金礦的路途，擁向那曾經是荒涼一片、人跡罕至的不毛之地。

於是，在通往舊金山的道路上，高篷馬車首尾相接，滾滾人流絡繹不絕，景象分外壯觀。李維・施特勞斯同樣也經不起黃金的誘惑，毅然放棄他早已厭倦的文職工作，加入到洶湧的淘金大潮中。一到舊金山，李維・施特勞斯立刻被眼前的景象震住了：

一望無際的帳篷，多如蟻群的淘金者……他的發財夢頓時被驚醒了一半。

難道要像他們一樣忙忙碌碌而無所收穫嗎？

不能！李維・施特勞斯堅定地說服自己不能知難而退，而要留下來幹一番事業。也許是猶太人血液裡天生的經商天分在李維・施特勞斯的身上起了作用，他決定放棄從沙土裡淘金，而是從淘金工人身上淘金。

主意已定，李維・施特勞斯用完身上所有的錢物，開辦了一家專門針對淘金工人銷售日用百貨的小商店。李維・施特勞斯這一獨具慧眼的決定，為他今後發財致富奠定了良好基礎。

小商店開業以後，生意十分興旺，日用百貨的銷售量很大。李維・施特勞斯整日忙著進貨和銷貨，十分辛苦，但利潤也十分豐厚。漸漸地，李維・施特勞斯有了一筆積蓄，在同行小商販中，他因吃苦耐勞和善於經營而有了小名氣，商店的生意越做越好。為了獲取更大的利潤，李維・施特勞斯開始頻繁外出拓展業務。

一天，他看見淘金者用來搭帳篷和馬車篷的帆布很暢銷，於是乘船購置了一大批帆布準備運回淘金工地出售。在船上，許多人都認識他，他捎帶的小商品還沒運下船就被搶購一空，但帆布卻絲毫沒有人問津。

船到碼頭，卸下貨物之後，李維・施特勞斯就開始高聲叫喊推銷他的帆布。他看見一名淘金工人迎面走來，並注意看他的帆布，於是趕緊迎上去拉住他，熱情地詢問：「您是不是要買一些帆布搭帳篷？」

淘金工人搖搖頭說：「我不需要再建一個帳篷。」

他看著李維・施特勞斯失望的表情，接著又說：「您為什麼不帶些褲子來呢？」

「褲子？為什麼要帶褲子來？」李維・施特勞斯驚奇地問道。

「不耐穿的褲子對挖金礦的人一錢不值，」這位金礦工人繼續說道，「現在礦工們所穿的褲子都是棉布做的，穿不了幾天很快就磨破了。」他話鋒一轉又說道：「如果用這些帆布來做褲子，既結實又耐磨，說不定會大受歡迎。」

乍聽到這番話，李維・施特勞斯以為對方是在開玩笑，但轉念仔細一想，這話卻是很有道理，何不試一試呢？

於是，李維・施特勞斯便領著這位淘金工人來到裁縫店，用帆布為他做了一條樣式很別致的工裝褲。這位礦工穿上結實的帆布工裝褲高興萬分，他逢人就講他的這條李維氏褲子。消息傳開後，人們紛紛前來詢問，李維・施特勞斯當機立斷，把剩餘的帳篷布全部做成工裝褲，結果這些工裝褲很快就被搶購一空。

一八五〇年，世界上第一條牛仔褲就這樣在李維・施特勞斯手中誕生了，它很快風靡起來，同時也為李維・施特勞斯帶來了巨大的財富。

沒錯，機遇有時是一種偶然現象，但偶然的背後隱藏著它的必然性，這是機遇產生的原因。偶然性和必然性就像一對矛盾體，它們是相互聯繫、相互滲透、相互作用的。在人的一生中，我們總會碰到很多偶然性的機遇，但是，假如當時沒有對周圍的事情感興趣，沒有細心地觀察、持久地思索，那麼，機遇即使降臨了，你也不會知道，更不可能抓住機遇。所以，要培養自己的觀察力，要時刻留意周圍的事物，哪怕是不起眼的小事，也要仔細觀察，深入思考。

# 7 要善於點住機遇的「穴道」

「每個人成功的機會都是相等的，只不過那些具備膽識、勇於挑戰的人比平常人善於把握罷了。有很多人是在別人的不認可甚至是鄙夷中獲得成功的。要想獲得成功，我們就得打破常規，敢於走別人從未走過的路。雖然看起來有點兒危險，但成功往往就躲藏在危險的後面。」

——馬雲

二〇〇七年十二月，一則互聯網界的傳聞不脛而走：馬雲的阿里媽媽公司有可能被併入阿里巴巴上市公司。受此消息影響，當天阿里巴巴在港交所的股價逆市中竟然漲了百分之九，一度逼近三十五港元。

阿里媽媽究竟是什麼呢？它又是從何而來的？二〇〇七年八月十二日，阿里媽媽開始上線運營。也許阿里媽媽對同行業的競爭者來講是一個強有力的攪局者，但對廣大個人網站和博客來說，它卻是一個「救世主」。

「聽說過捕龍蝦致富的，沒聽說過捕鯨致富的。」這是馬雲從最開始一直信奉的一個真理，在二〇〇七年，馬雲又開始撒網，準備撈錢大賺一筆，他把這個真理發揚光大，如法炮製到阿里媽媽身上。我們若是讀懂了馬雲的這種思想，也就很容易理解阿里媽媽的「原則」了。其實從全世界範圍來看，互聯網廣告投放這個行業一直遵循的都是這個原則。

馬雲對他的阿里媽媽有獨特見解，他的下屬曾經這樣說過：「馬雲的廣告理念非常獨特，他認為阿里媽媽就是一個廣告位的超市。也許每個廣告主都會有自己的預算，都會有選擇廣告媒體的需求。很多小公司選擇網路廣告進行推廣是很划算的，因為他們沒有實力去尋求專業廣告公司的支援。同樣，海量的個人網站、小流量網站也在尋求讓自身活下去的資金來源，他們想把自己的廣告位換成錢，阿里媽媽就幹這個。其實，廣告位怎麼賣阿里媽媽根本不管，全部由買賣雙方協商達成，阿里媽媽只從中收取百分之八的傭金就行。」

在阿里媽媽成立的那天，馬雲就公開了其網站的使命，也就是「讓天下沒有難做的廣告」。在公司宣傳片中，阿里媽媽更是打出了「再少的錢也能結算」和「再小的網站也能賣廣告」等口號。

在這期間，馬雲更是首次引入「廣告是商品」這個概念，他讓廣告成功實現無界，讓廣告第一次作為商品呈現在市場中。在這個市場中，買賣雙方都可以清楚地看到對方，實現真正的廣告市場自由。馬雲這一舉動前無古人，這是其他互聯網廣告公司都未敢邁出的一步，可他卻直接大踏步地走。在旁人膽怯的時候，馬雲依舊勇敢前進。

二○○七年十一月，馬雲宣佈第二年將在阿里媽媽的廣告聯盟中投入五千萬元的預算資金，還宣佈其網路廣告位都將從阿里媽媽的「廣告市場」中自由選擇。很快，攜程網、當當網、中信銀行等公司也相繼宣佈，他們已經開始與阿里媽媽洽談廣告合作業務。

業內人士甚至這樣評價馬雲，他們說：「馬雲是通吃中小企業的一切需求，從生產、銷售、推廣甚至企業管理，阿里巴巴都想做，並且都已經開始做了。阿里巴巴就像是一隻章魚，通過不同的觸角抓到不同層次的客户需求，同時通過一個有效的平台把這些原本具備不同需求的用户整合到一起，向他們推廣自己其他的服務。」

馬雲的阿里媽媽成功了，他在阿里巴巴集團打通了一條既具備拓展空間，又節省成本的業務。馬雲是膽大心細的，他在旁人不敢觸及的領域勇敢前進，在別人膽怯的時候依舊非常果敢，這顯然也是他成功的一個秘訣。生活中每個人都有成功的可能，也都有屬於自己的人生之路，而那些稍縱即逝的機會便是我們通往成功的墊腳石，我們能否在別人膽怯甚至是猶豫不決時果斷出擊，這取決於我們的心態，也決定了我們以後是否能成功。

阿曼德・哈默是美國一位成功的冒險家、企業家。在人們向哈默請教獲得財富的秘訣時，哈默總是搖搖頭，反問一句：「你敢冒險嗎？」而有一段關於他的故事，更是可以讓你看出冒險對於機會的重要性。

在一次晚會上，又有人請教哈默成功的秘訣。哈默皺皺眉頭說：「實際上，這沒有什麼。你只要等待俄國爆發革命就行了。到時候打點好你的棉衣儘管去，一到了那兒，你就到政府各貿易部轉一圈，又買又賣，這些部門大概不少於兩三百個呢……」

在別人看來，哈默的話對請教者顯得很不尊重。然而事實上這正是二十世紀二〇年代，哈默在蘇聯十三次做生意的精闢概括。

當時，哈默還是一名醫生。那時的蘇聯經歷了內戰與災荒。哈默本可以選擇坐在醫院裡安穩地度過一生，可是哈默在戰亂中看到了商機。於是他做出了一般人認為是發了瘋的抉擇：踏上了被西方描述成地獄的可怕的蘇聯。

當時，蘇聯被內戰、外國軍事干涉和封鎖弄得經濟蕭條，人民生活十分困窘；霍亂、斑疹、傷寒等傳染病以及饑荒，嚴重地威脅著人們的生命。列寧領導的蘇維埃政權採取了重大的決策——新經濟政策，鼓勵吸引外資，重建蘇聯經濟。但很多西方人士對蘇聯充滿偏見和仇視，把蘇維埃政權看作可怕的怪物。到蘇聯經商、投資、辦企業，被稱作是「到月球去探險」。

哈默心裡當然也知道這一點，但風險大，利潤必然也大，值得去冒險。於是哈默在飽嘗大西洋航行中暈船之苦和英國秘密員警糾纏的煩惱之後，終於乘火車進入蘇聯。沿途景象慘不忍睹：霍亂、傷寒等傳染病流行，城市和鄉村到處都有無人收殮的屍體，專吃腐屍爛肉的飛禽，在人們的頭頂上盤旋。

哈默痛苦地閉上眼睛，但商人精明的頭腦告訴他，被災荒困擾著的蘇聯目前最急需的是糧食。他又想到這時美國糧食大豐收，價格早已慘跌到每蒲式耳一美元。農民寧肯把糧食燒掉，也不願以這樣的低價送到市場上出售。而蘇聯這裡卻擁有美國需要的，可以交換糧食的毛皮、白金、綠寶石。如果雙方能夠交換，豈不兩全其美？

從一次蘇維埃緊急會議上，哈默獲悉，蘇聯需要大約一百萬蒲式耳的小麥才能使烏拉爾山區的饑民渡過災荒。機不可失，哈默立刻向蘇聯官員建議，從美國運來糧食換取蘇聯的貨物。雙方很快達成協議，並且初戰告捷。

沒隔多久，哈默成為第一個在蘇聯經營租讓企業的美國人。此後，列寧給了他更大的特權，讓他負責蘇聯對美貿易的代理商，哈默成為美國福特汽車公司、美國橡膠公司等三十多家公司在蘇聯的總代表。生意越做越大，他的收益也越來越多，僅僅他在莫斯科銀行裡的存款數額就非常驚人。

第一次冒險使哈默嘗到了巨大的甜頭。於是，「只要值得，不惜血本也要冒險」，成為了哈默做生意的最大特色。

「幸運喜歡光臨勇敢的人。」這是西方一條有名的諺語。它向我們說明了冒險與機會是緊密相連的。冒險是表現在人身上的一種勇氣和魄力，險中有夷，危中有利。倘若要創造驚人的戰績，就應該敢於冒險。

你敢或不敢，機會就在那裡。每一個人，都應該成為自己命運的設計師，都應該對生活承擔責任。上天是公平的，只有付出才有回報，只有進行勇敢的嘗試，機會才有可能來敲你的門。如果沒有把握機遇的意識，你只能在消極的生活中「熬」過一天又一天，直到自己老去。

# [第四章]

# 給怯懦多一點鼓舞，境遇靠行動改變

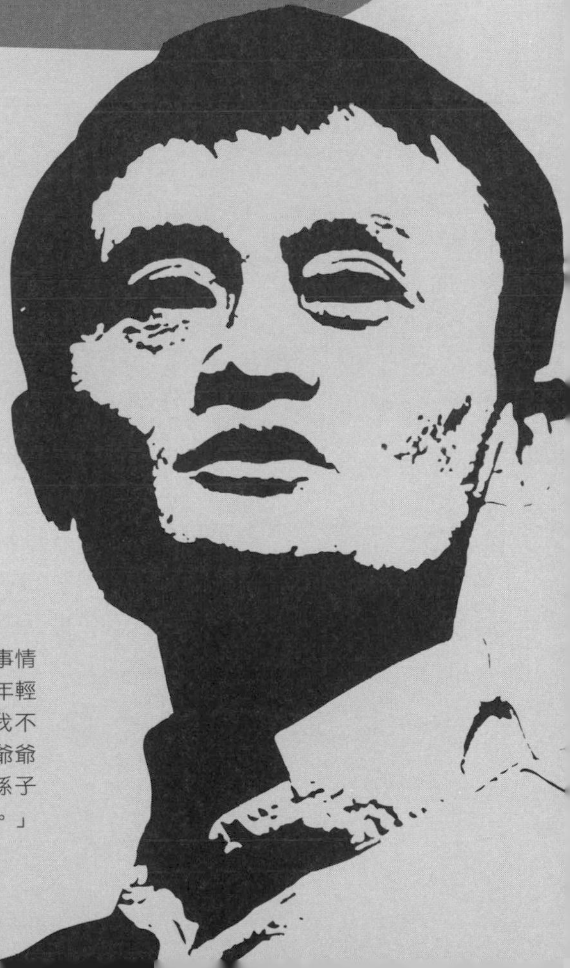

馬雲：「爺爺跟年輕人講，這個事情不能幹，那個事情幹了不行的。年輕人想，你老頭子不行，不等於我不行。四五十年過去之後，他發現爺爺講的真有道理，他又跟自己的孫子講，你這樣不行的，就這麼循環。」

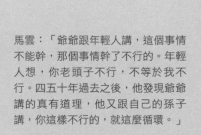

# 1 一百次的心動，不如一次行動

「我看見很多遊學的年輕人是晚上想千條路，早上起來走原路。」

——馬雲

很多人都喜歡幻想，一有空閒就會對生活做一番設想：我想當明星，我想創業，我想成為一個科學家，我想要寫作……我們可能每天都活在夢想之中，每天都在為自己以後的生活想路子，可是想過之後，很多人並不去付諸實施，仍舊走自己的老路子。俗話說，說得容易，做起來難。空口說誰都會，而且往往一個比一個說得漂亮，但是真要行動起來卻很難，所以我們往往是夢想的巨人，行動的矮子。

也許很多人會說，我沒有錢，我沒有足夠的人脈關係，我沒有一個好的合作夥伴，可事實上這些都只是藉口。一個人如果真的有想法，就一定可以克服千難萬險，想辦法克服自身的短板和不足。唐僧西天取經時，一開始也是什麼都沒有，他也害怕路途艱險，也擔心妖怪橫行，擔心有去無回，可是最終他還是想辦法取回了經書。如果一個人一開始就在各種困難面前怯懦了，那麼

必定什麼也幹不成，而且你想要等到條件全部滿足了再去做的話，估計別人早就搶先一步了。

當初，馬雲和他的夥伴們把口袋裡的錢掏出來，湊了五十萬元，開始創辦阿里巴巴網站。當然，一定要讓別人首先知道阿里巴巴，他是這樣想的，也是這樣做的。

一九九九至二〇〇〇年，馬雲不斷實施著一個戰略行動。他成為了「空中飛人」，不停地往返於世界的每一個角落，幾乎參加了全球各地尤其是經濟發達國家的所有商業論壇，去發表瘋狂的演講，用他那張天才的嘴宣傳他的Ｂ２Ｂ思想，宣傳阿里巴巴。

他如同一台不知停歇的機器，一台演講機器。有時一個月內可以去三趟歐洲，甚至一周內跑七個國家。他每到一地，總是不停地演講，這個瘦弱的男人大聲地對台下的聽眾喊道：「Ｂ２Ｂ模式最終將改變全球幾千萬商人的生意方式，從而改變全球幾十億人的生活！」

很快，馬雲和阿里巴巴在歐美名聲日隆，來自國外的點擊率和會員呈暴增之勢！馬雲和阿里巴巴的名字就這樣被《富比士》和《財富》這樣的重量級財經媒體所關注。於是，二〇〇〇年以高盛為首的多家公司，向阿里巴巴投入了五百萬美元風險資金，軟銀老總孫正義給了馬雲兩千萬美元的投資。

一些人總會在別人靠一個新鮮的點子成功後，一拍大腿：「哎喲，這不就是我當初的想法嗎？」一副後悔莫及的樣子。

是的，大部分想創業的人都是一樣，晚上想千條路，早上起來走原路。他們比馬雲聰明多了，能想出非常多的創業好點子來，但是他們從來沒有執行過。因為他們有著太多的藉口和理由。於是，他們繼續過他們平庸的生活。

你要做的是：想到了，馬上就去做！像馬雲那樣，只要你付出所有的努力，世界上就沒有你做不到的事情！其實成功之門隨時為你敞開，走出第一步的時候，你便和馬雲在一條路上了。

一個偉大的想法不僅需要一個偉大的構思，還應該有一個偉大的執行計畫。想法並不是真正決定你能走多遠的主要因素，一個人想要達到某種程度，想要成為某種人，並不是僅僅做夢就能實現的。任何事情的成功都建立在行動上，夢想能夠給我們指路，但是唯有行動才能真正決定一切。我們常常說一個人的心有多大，人生的舞台就有多大。可是如果不去行動，不去嘗試著將夢想變成現實，那麼再大的舞台也只能在夢裡出現。

二〇〇八年，麥當勞已在全世界一百廿一個國家和地區開設了三萬多家分店，年營業額兩百三十五億美元，被稱為「麥當勞帝國」。它能有如今的成功，完全有賴於創始人雷蒙・克羅克遵循的「一旦決定了就趕快行動」的準則。

美國的麥當勞餐廳在創辦初期只是一家經營漢堡包的小店，麥當勞兄弟把漢堡包做得非常好吃，生意非常紅火。然而，隨著規模越做越大，小店的管理卻越來越亂。

一九五四年的一天，雷蒙．克羅克駕車去一個叫作聖貝納迪諾的地方。他看到許多人在一個簡陋的餐館前排隊，於是也停下車走了過去。

雷蒙．克羅克看到人們買了一袋袋的漢堡包，紛紛滿足地笑著回到自己的汽車裡，他很好奇，於是上前看個究竟，原來那是一家經營漢堡包和炸薯條的速食店，生意非常紅火。

當時的雷蒙．克羅克已五十二歲了，還只是一個紙杯和混拌機的推銷商，並沒有自己的企業，他一直在尋找事業的突破口。他知道，快節奏的生活方式就要到來，這種速食的經營方式代表著時代的方向，大有可為。於是他毅然決定經營速食店。雷蒙．克羅克馬上與麥當勞兄弟洽談。由於麥當勞兄弟的管理模式很亂，他們非常願意支持克羅克成為麥當勞在全美唯一的特許經營代理商。一九五五年，雷蒙．克羅克成立特許經營公司——麥當勞公司。

雷蒙．克羅克搞速食業的決策遭到了家人及朋友的一致反對，他們都說：「你瘋了，都五十多歲了還去冒險？」

雷蒙．克羅克覺得決定大事時，應該考慮周全，可一旦決定了，就要一往無前、趕快去做。行與不行，結果會說明一切，最重要的是行動。

談下特許經營代理權之後，雷蒙．克羅克馬上投資籌建他的第一家麥當勞速食店，經過幾十年的發展，雷蒙・克羅克取得了巨大的成功。人們把他與名震一時的石油大王洛克菲勒、汽車大王福特、鋼鐵大王卡內基相提並論。

只要有了夢想，我們就應該行動，而且應該馬上行動。恩格斯說，判斷一個人當然不是看他的聲明，而是看他的行動，不是看他自稱如何如何，而是看他做些什麼和實際上是怎樣一個人。可以說，行動決定了我們自身的價值。美國前總統甘迺迪則說，最大的危險就是無所行動。他認為一個人如果沒有實際行動，就會在生活中坐以待斃。而法國思想家伏爾泰也說，人生來是為行動的，就像火總是向上騰，石頭總是向下落。對人來說，一無行動就等於他並不存在。可以說，行動力是衡量一個人能否成功的重要標準，是我們得以存在並展示自我的關鍵要素。

年輕人有夢想、有想法是難能可貴的，但是不要總是將自己包裹在夢想之中，而應該想辦法將夢想拉到現實生活中來，要懂得將夢想和現實完美結合起來。夢想決定了你的方向，而行動決定了你能走多遠。強大的行動力是每個年輕人最需要的品質，哪怕困難再多，阻礙再大，風險再高，也要有將夢想付諸實踐的勇氣。要知道這個世界上的每一條平坦的道路都不是想像出來的，而是人走出來的，它們原先也許不過是溝壑，是茂密的荊棘叢，是毒蛇猛獸橫行的蠻荒地帶，如果你害怕面對，那麼就永遠也無法走出一條路來。

一個人不管他的夢想有多麼崇高遠大，也不管它是多麼卑微渺小，只要有夢，只要我們能夠在現實中將夢想進行到底，那麼每個人都會從中找到屬於自己的成功，找到屬於自己的幸福。

# 2 別讓成功在「深思熟慮」中破產

「我當年學英語，沒有想到後來英語幫了我大忙，所以做任何事情只要你喜歡，只要你認為是對的，就可以去做。如果你思考問題功利性很強的話，肯定會遇到麻煩的。」

——馬雲

英國著名詩人艾略特曾說過：「世上沒有一個偉大的業績是由事事都追求穩操勝券的猶豫不決者創造的。」無論做什麼，考慮得差不多了，就去大膽行動，而不要等到所有條件都具備、準備得十全十美之後才去行動，敢想敢幹才能把握住轉瞬即逝的機會，得到最大的收益。

很多人都認為馬雲的成功在於他敏銳地發現了互聯網時代的到來，他不過是提前登上了那條駛向黃金島的大船。其實，他的成功不在於他如何敏銳，而在於他的闖勁兒。

馬雲現在以互聯網精英而聞名，可他一開始卻是對電腦一竅不通。一九九五年年初，他偶然去美國，首次接觸到互聯網。敏感的他意識到：互聯網必將改變世界！隨即，他的腦海裡迸發出了一個不安分的想法：做一個幫所有企業收集資料、向全世界發佈的網站！

一個遠大的理想產生了，這是一個即將改變世界的理想，馬雲立刻向著它前進！他放棄了穩定的教師職業，毅然下海。

當時在中國互聯網基本是少有人問津的。馬雲的家人強烈反對他的想法，可是馬雲堅持下來了，並且腳踏實地地去為理想而奮鬥。

一九九五年四月，馬雲和妻子，再加上一個朋友，湊了兩萬元錢，專門給企業做主頁，網站取名「中國黃頁」。馬雲的先見之明為他帶來了豐厚的利潤。不到三年，他就輕輕鬆鬆賺了五百萬元利潤，並在國內打開了市場，有了較高的知名度。

馬雲的成功不可謂不風光，可這都是他一步步走出來的，而不是空想出來的。也許有人會挑刺說，他趕上了好的機遇。可是當時知道互聯網的人也不在少數吧？卻只有他敢想，並且敢做。機遇只屬於敢於夢想、敢於行動的人。他在確定了自己的理想後，就立刻放棄了原有的職業和不錯的收入，馬上投入到實現理想的實踐中去。

你想得越多，顧慮就越多，什麼都不想的時候反而能一往直前；你害怕得越多，困難就越多，什麼都不怕的時候一切反而沒那麼難。別害怕別顧慮，想到就去做。這世界就是這樣，當你不敢去實現夢想的時候，夢想會離你越來越遠；當你勇敢地去追夢的時候，全世界都會來幫你。

安東尼・吉娜是目前紐約百老匯中最年輕、最負盛名的演員之一，她曾在美國著名的脫口秀節目《快樂說》中講述了她的成功之路。

幾年前，吉娜是大學裡藝術團的歌劇演員。那時她就向人們展示了一個璀璨的夢想：大學畢業後先去歐洲旅遊一年，然後要在百老匯當一名優秀的主角。

第二天，吉娜的心理學老師找到她，尖銳地問了一句：「你旅遊後去百老匯跟畢業後就去有什麼差別？」吉娜仔細一想：「是呀，赴歐旅遊並不能幫我爭取到百老匯的工作機會。」於是，吉娜決定一年以後就去百老匯闖蕩。

這時，老師又冷不防兒地問她：「你現在去跟一年以後去有什麼不同？」吉娜有些眩暈了，想想那個金碧輝煌的舞台和那只在睡夢中縈繞不絕的紅舞鞋，她情不自禁地說：「好，給我一個星期的時間準備一下，我就出發。」老師卻步步緊逼：「所有的生活用品在百老匯都能買到，為什麼非要等到下星期動身呢？」

吉娜終於說：「好，我明天就去。」老師贊許地點點頭，說：「我馬上幫你訂好明天的機票。」

第二天，吉娜就飛赴全世界最巔峰的藝術殿堂——紐約百老匯。當時，百老匯的製片人正在醞釀一部經典劇碼，幾百名來自各國的演員前去應徵主角。當時的應徵步驟是，先挑選出十來個候選人，然後讓他們按劇本的要求表演一段主角的念白。這意味著要經過百裡挑一的艱苦角逐。

吉娜到了紐約後，並沒有急於去美髮店漂染頭髮和買靚衫，而是費盡周折從一個化妝師手裡拿到了將排的劇本。這以後的兩天中，吉娜閉門苦讀，悄悄演練。初試那天，當其他應徵者都按常規介紹著自己的表演經歷時，吉娜卻要求現場表演那個劇碼的念白，最終以精心的準備出奇制勝。

就這樣，吉娜來到紐約第三天，就順利地進入了百老匯，穿上了她演藝人生中的第一隻紅舞鞋。

許多人在採取重大行動前，總是考慮得面面俱到。其實，在做決定之前，不必想太多，只需想兩件事：一是這件事的價值是否是你需要的？二是這件事的最壞結果你是否能承擔？只要確定有好處並能承擔最壞結果，就可大膽決斷。

在法國南部一個很小的城市裡，住著一群人。他們從來沒有離開過小城，他們一直都認為這個小城是最美麗、最富饒的地方。後來，有一位外地的客商路過小城，客商告訴他們：小城只不過是一個小得極不起眼的地方而已，小城之外還有很多地方比這個城市更美麗、更富饒。

聽了客商的話，小城中的人們決定出去走一走，開開眼界。有了這個想法之後，他們決定在出發之前做一份周全的計畫。他們根據客商的描述制訂了一份內容詳盡的計畫。後來客商離開了小城，留給了他們一本有關旅行的書。根據這本書介紹的內容，他們感到最初制訂的那份計畫太不周全了，於是又加入了一些條款。

經過幾次修改和完善，他們終於有了一份完整的出行計畫，可還是不能立即出發，因為出行計畫上羅列的許多東西他們還沒有準備好。他們還要買地圖，由於從來沒有走出過小城，所以他們只能從外面來的一些商販手中購買地圖。終於有商販來了，人們從商販手中買了好幾份地圖，不過商販告訴他們，如果想到更遠的地方旅行，最好用地球儀，於是他們又等待賣地球儀的商販進城。

就這樣，他們等到了地球儀。在買了地球儀之後，他們發現還需要火車時刻表，在有了火車時刻表之後，他們又發現還需要指南針。在這些東西都準備好了之後，他們又覺得還需要一個行李箱，行李箱準備好了之後，又發現沒有鎖出門不安全，他們又找鐵匠打了一把十分保險的鎖……

等人們把一切都準備好之後，他們才發現自己早已年老力衰，根本沒有足夠的力氣實施當年制訂的計畫了。況且他們當初的那份雄心壯志早已被時間消耗殆盡了，最後他們不得不老死在小城中。

空有計劃而不付諸實踐永遠都不可能成功，就像故事中小城的人們一樣，計畫雖然天衣無縫，極盡完美，但是他們始終都不敢將計畫付諸實踐。這種前怕狼後怕虎的猶豫態度，最終也使得他們完美的計畫付諸東流，沒有任何的實際效果。

一個沒有想法的人往往缺乏主見，但是一個想法太多的人，往往缺乏果斷決策的能力，因為想法多了，問題也就多了，問題多了，決策能力也就下降了。

「如果你不去把這事情變成現實，那麼什麼都是浮雲。如果你願意從今天開始改變自己，一點一滴去做，那就不是浮雲。」馬雲說，「我有時候很浪漫，想很多事，但我會問自己，願不願意現在立刻馬上去幹，如果我願意，它就會變成真的東西。」

當自己有了某種迫切的願望時，就要懂得去實現，而不要總是想來想去、猶豫不決。這個世界沒有什麼是完美的，也沒有任何東西可以考慮周全。生活往往就是如此，很多時候，困難都是我們自己想像出來的，麻煩也是自找的，你想得越多，只會越煩惱，只會給自己平添很多不確定的因素，到最後只會白白消磨自己的信心和勇氣。

有個企業家說：「有人說頭腦簡單不好，可很多時候，頭腦簡單的人更能辦成事，因為他們不會胡思亂想，總是想好了就去做，這就是效率。」我們不要總是把問題想得太複雜了，做任何事情都要懂得化繁為簡，從簡單的思路出發，用簡單的方式解決問題，越是簡單的人，生活得越是輕鬆。

當然把問題想簡單了，並不是要求我們不去分析和考慮，不是讓我們盲目去做，而是說看準了主要方向就去做，想好了路子就不要再去多想，哪怕明知山有虎，也要偏向虎山行。其實無論做什麼，肯定都會有一些不可預知的因素存在，總會有障礙和困難存在，但是我們不能因為這些障礙而畏畏縮縮，難下決定，那樣只會束縛我們的行動，銷蝕我們的意志力和決心。

多少年來，有一個細節很值得玩味，那就是馬雲幾乎從來不做什麼計畫方案。據說他只是在早期給一家台灣投資公司寫過一份商業計畫書，用於風險評估，而對於自己的事業、對於阿里巴巴，馬雲從來沒有什麼計畫。他不會千方百計地去做方案，去提出各種設想，去制訂什麼規劃，也不會和員工們聚在一起沒完沒了地開會，沒完沒了地討論。他就是一個純粹的實幹家，沒有太多其他的想法。

馬雲實際上就是用一種最簡單直接的方式來經營自己的事業，他沒有太多的花花架子，不讓那些繁瑣的想法束縛自己的行動，他堅持的原則就是想了就去做，不要拖延，也不要輕易放棄。馬雲曾經沒錢、沒技術、不做計畫，但仍成功了，其實這從側面剛好反映出了一點：他敢想敢做。

對於年輕人來說，馬雲這種處世方式很值得借鑒，一個人無論做什麼，都要抓住最初的感覺，然後以此信念堅持做下去，不要去想太多未知的東西，不要被潛在的困難所干擾。你簡單地看待問題，才能把事情做得更為簡單，才會有勇氣和信心把工作做好。

## 3 你之所以沒成功，是因為不夠果敢

「淘寶創業永遠都不會太遲，當你還在猶豫要不要做時，你又比別人晚一步了。」

——馬雲

有很多人問，世上最可悲的人是哪些人？這個問題其實很簡單，他們就是優柔寡斷的人。因為具有這種性格的人，他們對待任何事情都舉棋不定、猶豫不決，這樣不僅浪費了時間，而且還影響自我的判斷，擾亂成功的步伐。

很多時候，我們常常會忍不住多想，會考慮自己的環境，考慮自身的實力，考慮是不是存在困難和危險，結果總是猶豫不決，拖拖拉拉，最終也下不了任何決定。但是機會是不等人的，猶豫的人會錯失更多的發展機會，當你還在猶豫自己要不要出手時，別人已經搶到了更好的機會，別人已經領先一步了。

人們常說，早起的鳥兒有蟲吃。而馬雲說過：「如果早起的那隻鳥沒有吃到蟲子，也許就會

被其他的鳥吃掉。」有時候你比別人慢了一步，不僅僅是失去一次發展的機會，很可能會因此被別的對手消滅掉。這個世界就是弱肉強食，就是快魚吃慢魚，速度往往決定你能否生存下去。

除在校教學之外，常有一些企業邀請馬雲做翻譯，有時候，馬雲一天能接到多個邀請。由於自己忙不過來，馬雲想到了他的同事和朋友。馬雲的邀請得到了很多老師的擁護，他們非常高興工作之餘做兼職來貼補家用。

考慮到當時杭州有很多的外貿公司，需要大量專職或兼職的外語翻譯人才，卻還沒有一家專業的翻譯機構，不甘平淡的馬雲決定「敢為天下先」，要成立一家翻譯社。

馬雲一有想法，馬上行動。沒錢，不是問題，他找了幾個合作夥伴一起創業，風風火火地把杭州第一家專業的翻譯機構成立起來了。

創業開始，也是舉步維艱，第一個月，翻譯社全部收入才七百元，而當時每個月的房租就是兩千四百元。好心的同事朋友就勸馬雲別瞎折騰了，連幾個合作夥伴的信心都發生了動搖。但是馬雲沒有想過放棄，為了維持翻譯社的生存，馬雲開始販賣內衣、禮品、醫藥等小商品，跟許許多多的業務員一樣四處推銷，吃了很多苦頭。

整整三年，翻譯社就靠著馬雲推銷這些雜貨來維持生存。一九九五年，翻譯社才開始實現贏利。現在，海博翻譯社已經成為杭州最大的專業翻譯機構。雖然不能跟如今的阿里巴巴相提並論，但是海博翻譯社在馬雲的創業經歷中也畫下了重重的一筆。

在這個世界上，想「走在前面」的人不少，但真正能夠「走在前面」的人卻不多。許多人之所以沒能「走在前面」，就是因為他們把「走在前面」僅當成一種理想，而沒有採取具體行動。那些最終「走在前面」的人，之所以能夠成功，是因為他們不但有這個理想，更重要的是他們採取了行動！

馬雲就是那種一有想法就馬上行動的人。阿里巴巴創立之初，馬雲有一句口頭禪：「你們立刻，現在，馬上去做！」立刻！現在！馬上！由此可以看出，馬雲之所以成功，不在於他有一個聰明的頭腦，不在於他有個恢宏的理想，而在於他能很快把頭腦中剛形成的東西落實出來，執行出來。

要知道，每一個成功都離不開機會的「催化」，但是任何一個機會都是稍縱即逝的。因此，想要取得成功，就必須把握好這個關鍵時刻，一旦猶豫不決，機遇就會與你失之交臂，而你也就只能兩手空空，一無所有。

機不可失，時不再來。這是任何人都明白的道理，機會往往稍縱即逝，有如曇花一現。如果當時不善加利用，錯過好運之後就後悔莫及。成功學創始人拿破崙・希爾說過：「生活如同一盤棋，你的對手是時間，假如你行動前猶豫不決或拖延行動，你將因時間過長而痛失這盤棋，你的對手是不允許你猶豫不決的！」

英國利物浦市有個叫科萊特的青年，一九七三年，他考入了美國哈佛大學。科萊特是一個極具才華的人，當時與他經常坐在一起聽課的是一位十八歲的美國小夥子。

在上到大學二年級的時候，有一天，這位小夥子跟科萊特商議，讓他跟自己一起退學去創業，開發應用商務軟體。科萊特對此感到非常驚詫，雖然小夥子所說的也一直是他自己的夢想，但是他認為自己是來求學的，而且他們對軟體系統也不過是瞭解了一點皮毛而已，如果不以全部的大學課程為基礎，想要自己開發軟體簡直是天方夜譚。因此，科萊特委婉地拒絕了那位小夥子的邀請。

經過十年刻苦學習，科萊特成為哈佛大學電腦軟體的博士研究生。就在同一年，那位當初勸說科萊特一起退學的美國小夥子進入了《富比士》雜誌億萬富豪排行榜。

又過了幾年，當科萊特繼續他的博士後學習時，那位小夥子已經成為了美國的第二富豪，個人資產達到了六十五億美元。

在一九九五年的時候，科萊特認為自己終於具備了足夠的可以研發軟體的學識了，而那位當初退學的小夥子已經繞過了科萊特所熟知的軟體系統，他開發的系統軟體已佔領了全球市場，因為它要比之前的系統軟體快一千五百倍。

這位美國小夥子因此成為了世界首富，他就是微軟公司的創始人比爾·蓋茨。

很多時候，我們無法實現自己的理想，是因為我們總是在等待「萬事俱備」的時機。

當一隻腳陷入了「萬事俱備再行動」的泥潭時，我們就會猶豫不決、顧慮重重，總是拿不定主意，時間就這麼一分一秒地浪費掉了。其實世界上永遠不可能有完美的事情，不可能有絕對完美的時機，如果我們凡事都要等到「萬事俱備」後再開始行動，那麼就永遠不會有開始的可能。等待「萬事俱備」會讓你不能迅速、準確、及時地解決問題，到最後只會一無所成。

還記得那位發明電話的貝爾先生嗎？實際上從史料來看，這位先生並非是第一位發明電話的人，至少如今越來越多的人懷疑這一點。這並非是對貝爾先生的不敬，但是事實就是如此，當年實際上還有一位科學家差不多在同一時間發明了電話，但是這位粗心的先生大概沒有立即想到自己應該去申請專利，我們只能猜測也許是他太激動了，也許是他認為晚一兩天也沒什麼事，或者是他覺得自己應該吃飽飯好好休養一下，再容光煥發地去申請專利。就是因為拖延，他失去了「電話之父」這樣的頭銜，而貝爾先生顯然更加注意時間的重要性，他當天就去申請了專利。

兩個人前後申請專利的時間相差了一天，而恰恰是這一天改變了電話發明專利的歸屬權，貝爾將自己的名字刻在了人類科技史上，而另外那個科學家則被人遺忘在了歷史的角落。

其實像這樣與成功失之交臂的事情並不在少數，很多人之所以沒有像別人一樣獲得成功，不是因為能力不行，不是因為想法不夠出色，重要的是執行力太差。你沒有立即去行動，沒有把握住時間，所以最後命運也和你開了個玩笑。但試想一下，命運會願意和你開幾次這樣的玩笑？而你又開得起幾次這樣的玩笑呢？所以，凡事都不要拖延，要永遠記得在第一時間展開行動。

巴菲特說：「如果你想等到知更鳥報春，那麼春天就快結束了。」很多成就一番事業的人，都是在條件並不是十分成熟時就直接對準了目標，開始行動。他們在行動的過程中不斷地為自己創造機會，創造成功的可能性，逐步使得事情「萬事俱備」，而不是單純地等待。因此，想要做成一件事，在拿定主意後就要立即開始行動，「從現在做起」，這才是成功的關鍵。

馬雲是一個辦事追求速度、行事果斷的人，他並不期望自己總是能夠成為第一個吃螃蟹的人，但是只要聞到了螃蟹的香味，他就會儘快成為那個吃螃蟹的人。所以對於馬雲來說，他的想法也許並不是最出眾的、也不是最合理的，但往往是最具實效性的，他總能夠將想法在第一時間付諸實施。

老實說，馬雲在杭州也許不是第一個想要創辦翻譯社的人，但是卻切切實實地做成了杭州第一家翻譯社；馬雲不是中國第一個接觸互聯網的人，但是卻做成了中國第一個黃頁。果斷行動就是馬雲的法寶，他總是在和時間搶速度，總是在和時間搶機會，所以他比任何人都善於把握機會。中國當初不只是一個馬雲在構想電子商務，但是馬雲是少數建成了電子商務公司的人之一，而且他最終也成為行業中最出色的人，這就是因為馬雲從來不會在機會面前猶豫不決。他認定要做的事情，就是十四馬也拉不回來，這種一往直前的韌勁兒狠勁兒，這種絕對的果敢決絕為他贏得了更大的成功。

當別人都還在猶豫著要不要往前走時，馬雲已經迫不及待地往前跑了，這就是差別，造成這種差別的原因就在於中國人骨子裡的保守和謹慎。馬雲曾經說過，中國有世界級的點子和創意，有世界級的富翁，但是卻沒有世界級的行動者和執行者。中國人總是期待著別人先去試驗，因此浪費了太多的好機會。

因此，在機會面前千萬不要優柔寡斷，一個人要有決斷力，想了就要去做，應該具備「如果想要去做，那麼任何事情都阻攔不了我」的氣勢，只有這樣，你才能夠真正比別人做得更好。Facebook的創始人札克伯格說：「我很慶幸的是那些比我先想到好點子的人沒有立即去動手。」可見，機會有時候真的是你讓給別人的。

馬上行動應該成為我們的座右銘，很多年輕人應該都還記得《大話西遊》中至尊寶那番動人的表白：「曾經有一份真誠的愛情放在我面前，我沒有珍惜，等我失去的時候，我才後悔莫及，人世間最痛苦的事莫過於此……」其實，世界上最遺憾的事情並不是你想要做成某件事卻失敗了，而是你想要做某件事卻一直沒有去做。人生不應該給自己留下這樣的遺憾，不應該為自己製造出這樣的遺憾，只要有了想法，有了追求，那麼就要立即去行動，不要被其他外來因素干擾，這樣你的生活才會真正不留遺憾。

# 4 要過河就要主動去摸石頭

「有了理想、有了目標就要當機立斷馬上行動，只有行動才能證明一切！」

——馬雲

很多時候，我們在做某件事之前，喜歡用一堆理論來分析，但事實上理念多數沒有多少實際參考價值，最後還是要靠結果說話，還是要靠資料說話，這樣才能夠給你最真實的答案。那麼如何才能得到想要的結果呢？那就是要靠親自去做去實踐。通用公司總裁傑克・韋爾奇說：「口頭上的議論並沒有多少實際意義，在衡量某個計畫是否可行時，最簡單的方法是去做這件事。」

馬雲就是一個現實世界的行動者，他從來都不掩飾對新事物的好奇，而且還敢於接觸和嘗試這些新事物。當初馬雲打造中國第一個黃頁的時候，他對互聯網一點兒也不懂，儘管意識到這是一個機會，但是他並不知道自己依靠互聯網能夠得到什麼，也不知道自己能夠做出什麼樣的成績。但是他想要去試一下，因為只有嘗試了他才會知道深淺，才會明白自己能夠做出什麼成果來。

可以說馬雲本身就是一個摸著石頭過河的人，重要的是他主動去摸石頭了，所以他能夠知道河水有多深，知道自己能不能過去。馬雲在創立阿里巴巴的時候說過，要讓阿里巴巴成為中國乃至世界最大的電子商務公司，要成為世界網站排名前十的公司，這其實只是馬雲的一個夢想。當時很多人都說他癡人說夢話，他當然也沒有十足的把握說自己一定就可以完成這樣的目標。這樣的豪言壯語實際上顯示了馬雲當時的心態，他也想要看一看阿里巴巴究竟能走多遠，想要看看阿里巴巴能夠取得什麼樣的成功。

正因為這種好奇心和自信，馬雲全身心地投入到工作中去，帶領阿里巴巴一步步發展壯大起來。現在他完全有理由相信自己的實力，完全有信心將阿里巴巴推向全世界。馬雲多次承認自己從來也沒有想過會有如今的成就，從沒想過阿里巴巴會成就這樣的規模和財富，也從來沒想過自己會成為現在這樣。由此可見，當初的馬雲也是茫然的，但是馬雲願意去嘗試，願意去迎接挑戰，他願意去做，他想要知道自己能夠做出什麼成就。當其他人還在想我是不是能夠取得成功的時候，他信心十足地說：「原來我是一個成功人士。」

心理學家認為，夢想表現了我們對生活、對世界的好奇心。我們嚮往著能夠像鳥一樣飛翔，那是出於對飛行的好奇，所以現在有了飛機之類的飛行器；我們編造了嫦娥奔月的神話，就是想要瞭解月亮的情況，所以現在才有了人類漫步月球。我們的先人或許從來不知道有朝一日能夠實現飛天夢想，可是如果沒有人願意去嘗試，願意去努力實現，那麼就永遠也不會知道自己能夠在太空飛行，永遠也不知道月球上究竟有什麼。

當我們對生活有所期待的時候，就要懂得去踐行自己的想法，只有去做了才能知道最終結果是什麼，如果一直都認為自己做不到，就永遠也找不到最終的答案。我們常常說實踐出真知，一件事情是否可行，會產生怎樣的結果，僅僅依靠猜測是不行的，它們需要在實踐中去驗證，只有自己去做了，才會瞭解一切。

哥倫布在求學期間曾經讀到過一本畢達哥拉斯的著作，在這本書中，畢達哥拉斯說：「地球是圓的。」哥倫布深深地記在了心裡。

經過長時間的思考之後，哥倫布覺得地球如果是圓的，那麼他通過向西航行也可以到達印度。很多有「常識」的哲學家和大學教授都嘲笑他的幼稚想法，他們告訴他：「地球不是圓的，是平的。」進而警告他說，如果他一直向西航行，他的船隻將行駛到地球邊緣而掉下去。

然而，哥倫布卻對大學教授和哲學家們的警告不以為然，依然非常自信。可惜的是，他家境貧困，沒有錢去實現自己這個冒險的想法。他不得不到其他人那裡尋求經濟支持，但他一連等了十七年都沒有人願意幫助他。他決定不再等下去，於是起程去見西班牙王后伊莎貝拉，沿途窮得竟以乞討為生。王后讚賞他的理想，並答應賜給他船隻，讓他去從事這項冒險的事業。但是，水手們都怕死，沒人願意跟隨他去，於是哥倫布鼓起勇氣跑到海濱，拉住了幾位水手，先是向他們哀求，接著是勸告，最後又用恫嚇手段逼迫他們跟隨自己出海。然後他又請求王后釋放了獄中的死囚，允諾他們在冒險成功後，可以恢復自由。

一四九二年八月，當一切都準備妥當後，哥倫布率領3艘帆船，開始了一次劃時代的航行。

不料出師不利，剛航行幾天，他們的船隊之中就有兩艘船漏了，接著船隊又在幾百平方千米的海藻中陷入了進退兩難的險境。哥倫布親自下水撥開海藻，船隊才得以繼續航行。他們在浩瀚無垠的大西洋中航行了六七十天，看不見大陸的蹤影，水手們都絕望了，他們要求返航，否則就要把哥倫布殺死。哥倫布兼用鼓勵和高壓的手段，才算說服了船員。在繼續前進的過程中，哥倫布忽然看見有一群飛鳥向西南方向飛去，他立即命令船隊改變航向，緊跟這群飛鳥。因為他知道海鳥總是飛向有食物和適於牠們生活的地方，所以他預料附近可能有陸地。幾天之後，哥倫布果然發現了美洲新大陸。

毅然上路的哥倫布最終成了英雄，從美洲帶回了大量黃金珠寶，以新大陸的發現者名垂千古，這一切都是行動的結果。如果哥倫布一直等待下去，很可能一生都不會出發。

在中國的哲學命題中，有一個話題令人很感興趣，那就是「山的另一邊是什麼」。這是很多人都會問的問題，尤其是小孩子。其實這是一個很好的社會命題，因為生活中有太多的人想要衝出大山，想要跑到山後面去看看未知的世界。那麼山後面究竟會有什麼呢？山後面也許還是山，也許有條河，也許是繁華的大千世界，也許是這個世界的邊緣。每一個有夢的人都為山後面的景象做了很多設想，可是想要真正瞭解山後面的風景，最簡單的辦法就是上路，就是翻越眼前的山。

三個旅行者徒步穿越喜馬拉雅山，他們一邊走一邊談論一堂勵志課上講到的凡事必須付諸實踐的重要性。他們談得津津有味，以至於沒有意識到天太晚了，等到饑餓時，才發現僅有的一點食物就是一塊麵包。

這幾位旅行者決定不討論誰該吃這塊麵包，他們要把這個問題交給老天來決定。這個晚上，他們在祈禱聲中入睡，希望老天能發一個信號過來，指示誰能享用這份食物。

第二天早晨，三個人在太陽升起時醒來，又在一起談開了。

「我做了一個夢，」第一個旅行者說，「夢中我到了一個從未去過的地方，享受了有生以來我一直孜孜以求而從未得到的難得的平靜與和諧。在那個樂園裡面，一個長著長長鬍鬚的智者對我說：『你是我選擇的人，你從不追求快樂，總是否定一切，為了證明我對你的支持，我想讓你去品嘗這塊麵包。』」

「真奇怪，」第二個旅行者說，「在我的夢裡，我看到了自己神聖的過去和光輝的未來。當我凝視這即將到來的美好時，一個智者出現在我面前，說：『你比你的朋友更需要食物，因為你要領導許多人，需要力量和能量。』」

第三個旅行者說：「在我的夢裡，我什麼都沒有看見，哪兒也沒有去，也沒有看見智者。但是，在夜晚的某個時候，我突然醒來，吃掉了這塊麵包。」

其他兩位旅行者聽後非常憤怒：「為什麼你在做出這項自私的決定時不叫醒我們呢？」

「我怎麼能做到？你們倆都走得那麼遠，找到了智者，又發現了如此神聖的東西。昨天我們還在討論勵志課上學到的『要採取行動』的重要性呢。只是對我來說，老天的行動太快了，在我餓得要死時及時叫醒了我！」

生活中有太多的山，也有太多對山後面的遐想，但是往往缺少一個真正的攀登者，一個善於解開疑惑的人。想，是永遠也無法準確給出答案的，只有行動才會告訴你生活的真相到底會是什麼；只有行動了，你才不會有疑惑，也不會有遺憾。法國作家蒙田說：「想要知道路有多長，那麼就去走上一遍。」

有些事只有去做了，你才會知道自己是不是能夠做到；有些事只有去做了，你才知道適不適合自己去做；有些事只有去做了，才會瞭解真相是什麼。對於每個人來說，想要瞭解自己能不能

完成某項工作，最好的辦法就是立即去嘗試；想要弄清楚對方是不是喜歡自己，就要嘗試著主動去接觸；想要瞭解一件事會有什麼後果，最好的方法就是在實踐中等待結果的出現；想要瞭解事情背後隱藏著什麼，就只能在實踐中去挖掘真相。

如果想要瞭解生活能夠為我們帶來什麼，我們就應該成為生活的實踐者，就要懂得自己去摸索和體驗，只有這樣你才會對生活有更加系統、更加清醒的認識，你才會真正知道自己的極限在哪裡，瞭解生活的魅力到底在何方。年輕人不要總是活在夢和遐想之中，這個世界的所有真理並不在我們的腦海裡，而是握在我們手中，只有自己動手去做、去實踐、去發現、去檢驗，才能夠瞭解生活的真相。

年輕人要勇於探索，勇於實踐，不論遇到什麼情況，在下定論之前，都要懂得在實踐中去檢驗。想要瞭解更多的東西，想要對生活有更深刻的理解，就要主動去探索和發現，只有做過了，經歷過了，才能得出真正的答案。

## 5 計畫再完美，也不如一流的執行

「孫正義和我有同一個觀點，一個方案是一流的Idea（想法）加三流的實施；另外一個方案是一流的實施加三流的Idea，哪個好？我們倆同時選擇一流的實施、三流的Idea。」

——馬雲

現實中，那些成功者之所以能有一番作為，是因為他們既可以制訂出正確、完美的計畫，又能對這些計畫進行持續而有目的的實際行動，不折不扣地將它們執行下去。

因此，請記住，行動遠比想法更重要。只有多一些行動才能多一些成功，如果我們想在工作中取得良好的表現，如果想在職場中脫穎而出，那麼就先要培養自己高效的執行力。如此，任何的想法才不會是空中樓閣，任何的目的也才能夠實現。

馬雲對阿里巴巴員工的執行力要求很嚴格，在阿里巴巴剛成立的時候，他就反覆要求員工必須有很強的執行力。他的理由是：「工業時代的發展是人工的，而網路經濟時代一切都是資訊化的，難以預測。所以，阿里巴巴不是計畫出來的，而是『現在，立刻，馬上』幹出來的。」

在阿里巴巴創業初期，「現在，立刻，馬上」一度是馬雲的口頭禪。馬雲明白高效的執行力才能保障一個企業的成功，他在不同的場合反覆強調，「有時去執行一個錯誤的決定總比優柔寡斷或者沒有決定要好得多，因為在執行過程中你可以有更多的時間和機會去發現並改正錯誤」。

在阿里巴巴成立之初，馬雲堅持的電子商務模式遭到了團隊的反對，但在馬雲的堅持下，阿里巴巴的發展方向最終確定下來，並獲得了有效的執行。事後，馬雲說：「我很少固執己見，一千件事裡難得有一件。但是有些事，我拍了自己的腦袋，凡是自己覺得有道理的，我一定要堅持到底。」正是因為馬雲如此重視執行力，才使得阿里巴巴在互聯網泡沫時期不僅堅持了下來，而且實現了贏利。

二○○五年，馬雲接受採訪時，有記者問他：「為什麼你能有今天，而同樣聰明的中國電子商務先驅王峻濤卻還在為創業而努力？」

馬雲說：「我在前面說，演講、做宣傳、造勢，而我背後，有一幫人在實幹，苦哈哈地賣力幹；而王峻濤身後沒有『十八羅漢』。我說過了，有人做；他說過就是說過了，只是說過而已。」

企業發展孰優孰劣，過硬的執行力是首要條件。馬雲認為，企業要加快發展，要走在同行的前列，除了要有好的決策班子、好的發展戰略、好的管理體制外，最重要的一點就是要有一個執行力很強的團隊。

如果一個團隊中人人都是精英，但執行力不行，那再好的創意、再好的機會，也不能令這家公司發展壯大起來。而如果一個團隊中，即便人人都能力一般，但他們的執行力都很強，那就能形成很強的力量。

企業想要提高自身的競爭力，決策想要得到嚴格的執行，就一定要有一流的執行團隊。從這個意義上來講，執行力是企業成功的關鍵。

馬雲每年都會為阿里巴巴定下一個高目標，人們最初都不相信這些目標阿里巴巴能夠完成，但就是憑著阿里巴巴員工一流的執行力，那些看似不可能完成的任務，最終都漂亮地完成了。這也就是馬雲團隊為人稱道的超強執行力。

有一件小事足以證明阿里巴巴團隊執行力之強。二〇〇六年，阿里巴巴服務機房整體向市區大遷移，在一般人的思維模式中，搬家的過程中難免會遇到東西丟失或損壞的情況，但是在這次搬遷過程中，由於工作人員的高效合作，整個團隊的責任感和執行力也非常強，沒有發生任何意外。正是因為馬雲將他頭腦中的東西不斷落實出來、執行出來，才帶動阿里巴巴整個團隊具備了超強的執行力，也讓這樣一個在互聯網行業平均資歷並不是很高的團隊，逐步走到了行業前端。

這個社會並不缺少好的想法，而是缺乏好的執行力，其實無論想法是好是壞，執行力才是最重要的。因為任何一項計畫、任何一個方案，都需要付諸實踐，如果執行得不好，那麼再好的想法也不過是空談。

某個教堂因為有很多老鼠，所以養了一隻貓。這隻貓特別能幹，很會抓老鼠，於是老鼠的數量不斷減少。後來，老鼠們只好天天躲在洞裡，不敢輕易外出。無奈之下，老鼠大王組織召開了一次會議，緊急商討怎樣對付貓吃老鼠的問題。

老鼠們都很聰明，想到了很多獨特的方法。有的老鼠建議研究一種毒藥，悄悄放到貓的食物裡；有的老鼠想出用奶油燙死貓的方法；還有的老鼠提議，一起出洞咬死貓……大家各抒己見，可是都不是上上策，都不能保證既消滅貓，又自保性命。

這時，一隻號稱最聰明的老鼠站起來，提議：「貓的武功太高強，死打硬拚我們不是牠的對手，不如用防。我們在貓的脖子上繫個鈴鐺，這樣，以後我們只要聽到鈴鐺的聲音，就知道貓來了趕快逃跑，我們就再也不用擔心被貓抓到了！」

「好辦法，好辦法，真是個聰明的主意！」老鼠們歡呼雀躍起來，老鼠大王當即批准了這個方案，並宣佈：「咱們就按繫鈴的方案對付貓，現在開始落實。有誰願意接受這個任務？請主動報名吧。」

等了好久，會場裡一片寂靜。接著，老老鼠們說：「我們老眼昏花、腿腳不靈，最好找個身強體壯的。」而身強體壯的老鼠說：「我們平時要給大家找食物，要是我們被抓去了，你們的處境不是更糟嗎？還是找小老鼠吧，牠們機靈，跑得快。」而小老鼠們則紛紛說：「我們年輕，沒有經驗，怎能擔當如此重任呢？」

結果，老鼠們仍然繼續戰戰兢兢地生活著……

不得不承認這是一群非常聰明的老鼠，牠們能夠集思廣益，想出要給貓繫鈴鐺的好方案。可是，光想沒有用，還得把這些想法付諸行動。可是，沒有一隻老鼠願意去落實這個方案。儘管這個方案很完美，但是沒有一隻老鼠去做，也就沒有任何的意義。結果，這群看似聰明的老鼠只能像以前一樣，戰戰兢兢地生活。

阿里巴巴並沒有多少先進的理念，它的成長也不是依靠什麼好想法來引導的，而是馬雲和所有員工踏踏實實、一步一個腳印走出來的。馬雲從來不想做什麼計畫，他也不要求自己的員工做太多的計畫，他更加看重的是執行力。

當然他並不是認為思想或者計畫之類的東西一無是處，而是覺得執行力才應該是所有工作的重中之重。他曾經和孫正義談過這樣的話題，和自己的員工也探討過，他覺得一個優秀的執行者可以將一個很平常的計畫做得非常出色，而一個糟糕的執行者，你即便給了他最出色的想法，他也無法把事情做到令人滿意。

在馬雲看來，想法只是一個起引導作用的工具而已，這就像是釣魚一樣，一個技術出色的人，即便使用竹竿也能釣到大魚，而一個技術粗糙的人，即便有了世界上最好的釣竿，最終也可能一無所獲。但是這個世界上有很多人偏偏喜歡拿最好的釣竿，卻不知道在實踐中認真去釣魚。

有個哲學家說：「如果不能好好走路，即便你看得再遠也是徒然的。」無論做什麼，年輕人都應該腳踏實地，這個世界並不需要你比別人想得更多、看得更遠，不需要你比別人更有創新意識，而只是要你做得比別人好，做得比所有人都認真努力。別人花三分之二的時間來研究一個出色的想法，你就要花三分之二的時間去認真做好工作，要懂得做好每一個步驟，關注每一個細節，堅定不移地把工作做好。

# 6 光腳的不怕穿鞋的，勇敢嘗試吧

「做自己想做的事，做自己認為對的事，做別人不敢做的事，做別人做不好的事。李嘉誠可以，我馬雲也可以，百分之八十的年輕人，都可以！」

——馬雲

馬雲說過，在互聯網上，光腳的永遠不怕穿鞋的，因為光腳的人一無所有，敢想敢做，沒有什麼後顧之憂，能夠最大限度地發揮自己的能力；而有些人做事畏首畏尾，只會思來想去，處處束縛自己的才能，始終都在原地踏步。這也就解釋了為什麼那些白手起家的人往往更容易創造奇蹟，而那些依靠家族底蘊的人總是一代不如一代。

其實馬雲在創業之初也算得上是一無所有的人，沒有錢，也沒有才華，只有一顆比誰都大膽的心，因為足夠大膽，因為敢於嘗試新事物，他的能力被一點點激發出來，生活逼著他一點點強大起來，逼著他一點點成長起來。多年之後，他都不敢相信自己會成為億萬富翁，不敢相信自己已經取得了這麼大的成就，不敢相信自己如今已成為一個大人物。將十幾年前的馬雲和現在做一下對比，就會發現馬雲成長了不少，他的能力也增強了不少，這不僅僅是鍛煉後的經驗積累，還是一種潛能的激發。

我們常常說狹路相逢勇者勝，所謂勇者就是敢於去做、敢於去競爭、敢於直面風險的人，而這樣的人通常會在競爭中獲得相對較多的優勢，因為這種人更容易興奮起來，專注度更高，能夠充分激發自身的潛能。就像金庸筆下的喬峰一樣，他不是小說中功力最深、武功最好的人，但卻是最能打的人，因為他從來不知道畏懼，這種豪邁的氣概足以讓他戰勝比自身更強大的對手。

馬雲說過：「勇於嘗試，那麼在某件事上栽跟頭可能是預料之中的事；但是，從來沒有聽說過，坐著不動的人會被絆倒。」誠然，敢想敢做的人，必然會經歷一些挫折，但是那些沒有勇氣將自己所想的付諸行動的人，是永遠都體會不到打拚過程中的樂趣的。要知道，受到一定程度的挫折也是自己的一筆寶貴財富。

戴爾是一個敢於嘗試的人。在他剛滿十二歲的時候，他們全家去釣魚，他的家人都急著到墨西哥灣釣魚，而他卻在沙灘上，擺弄著釣具，將幾個魚鉤拴在一根線上，家人都很不理解。他忙活了一天，才弄好一個奇特的魚竿，並把魚竿拋出去，大家都戲弄他說這下他白忙活了，但是當他把魚線拉起來時，釣的魚比全家人都多。

後來他上了大學，在一次休假時，他突然和家人說：「我要放棄學業，我要開一家電腦公司和ＩＢＭ競爭。」

無論他的父母怎麼勸說他，他仍然堅持自己的想法。他回到休士頓，用他所有的存款開辦了一家「戴爾電腦公司」，那年，他剛滿十九歲。

隨著新學期的日益臨近，他的生活節奏快得近乎瘋狂。他租了間房子作為辦公室，並雇用了一個廿八歲的經理來負責財務和經營管理。公司經營得很好，並且迅速發展壯大。

到戴爾的大學同學畢業時，戴爾的公司年營業額已達到七億美元。現如今戴爾公司已經成為跨國大公司。

戴爾經常回憶這樣的情景：他告訴他的朋友們，他的夢想就是成為世界上最大的私人電腦製造商，而朋友們當時則認為戴爾是個十足的幻想家，夢想是不會實現的。他說：「為什麼有機會時不去試一試，去實現你的夢想？」

美國人常說的「勇敢裡面有天才和魔法，它是和利益掛鉤的」，這充分體現在戴爾的經歷中。有了夢想就要敢於去嘗試，努力去實現，這樣才會成功，相反，有了夢想而不敢去嘗試，不付出行動，那麼這永遠都只是個想法，永遠成不了現實，又怎麼可能成功呢？正是由於明白了這個道理，戴爾敢於按著他的想法去做、去嘗試，才會實現夢想，所以他才會成功。

魯迅非常讚賞世界上第一個吃螃蟹的人，稱第一個吃螃蟹的人是勇士。他說：「地上本沒有路，走的人多了，也便成了路。」成功離不開實踐，只有勇於嘗試的人，才有可能取得成功，不嘗試永遠不會成功。

當面對一個機會時，勇於嘗試，即使失敗了也是有意義的，因為這樣至少可以對自己多一點瞭解，對新事物也多了一些認識。嘗試其實是一個不斷接觸、體驗的過程，很多事情並不是在最初就可以看到、預料到結果的，只有嘗試之後，才能增進對事情的瞭解，為下一次的實踐打好基礎，也就是為成功打好基礎。所以，嘗試很重要，細想一下，其實我們就是伴隨著一個又一個嘗試長大和認識這個世界的。

# 7 堅持去做，直到成功那一刻

「中國缺的是有一個想法，並且能夠持之以恆地將這個想法不斷堅持做下去的人。」

——馬雲

馬雲曾經說過一句話：「如果我馬雲能夠成功，那麼百分之八十的年輕人也能夠成功！」可為什麼那麼多人沒有成功而馬雲成功了呢？除了創業激情、能吃苦的精神，還在於馬雲是一個可以將自己的行動長久堅持下去的人。

馬雲在回顧阿里巴巴的創業歷程時，總結了企業創新發展的經驗，其中有一條就是：堅持自己的理想。馬雲也正是遵循了這樣一個規律，在剛剛創辦「中國黃頁」的時候，他和同伴們憑著一個美國電話和幾張圖片到處宣傳互聯網。這裡沒有高科技，沒有複雜的理念、模式，就憑著一個推銷員簡單的推銷方式，逐漸讓人們認識到互聯網，認識到互聯網帶來的種種好處。

一個人要想實現自己的目標，一定要堅持自己最初的理想，不可輕易動搖自己的信念，哪怕

很多人提出強烈的反對，就像馬雲一樣，只要認定了，就要堅持下去。

有一位工人住在拖車房屋裡，週薪只有六十美元。他的妻子上夜班，但他們賺到的錢也只能勉強糊口。他們的孩子耳朵發炎，卻沒錢治病。

這位工人希望成為作家，業餘時間不停地寫作，打字機的聲音不絕於耳。他的餘錢全部用來付郵費，寄原稿給出版商和經紀人。但是他的作品全被退回。退稿信很簡短，他甚至不敢確定出版商和經紀人究竟有沒有真的看過他的作品。

一天，他讀到一部小說，令他記起了自己的某部作品，於是他把作品的原稿寄給那部小說的出版商，他們把原稿交給了皮爾・湯姆森。

幾個星期後，他收到湯姆森的一封熱誠親切的回信，說原稿的瑕疵太多。不過湯姆森相信他有成為作家的希望，並鼓勵他再試試看。

在此後的十八個月裡，他又給編輯寄去兩份原稿，但都被退回來了。迫於生活壓力，他開始放棄希望。

一天夜裡，他把原稿扔進垃圾桶。第二天，他妻子把它撿了回來。「你不應該半途而廢，」她告訴他，「特別是在你快要成功的時候。」

在他自己都不相信自己的時候，他的妻子選擇相信他，因此他開始試寫第四部小說。寫完了以後，他把小說寄給湯姆森，他以為這次又準會失敗，可是他錯了。

湯姆森的出版公司預付了兩千五百美元給他，於是經典恐怖小說《嘉莉》誕生了。這本小說後來狂銷五百萬冊，並拍成電影，成為一九七六年最賣座的電影之一。

這個人就是史蒂芬・金。

很多人認為，一個人的成功，很多時候只是偶然。可是，誰又敢說，那不是一種必然呢？有許多不起眼的小事情，誰都知道該怎樣做，問題在於誰能堅持做下去。

麥當勞的創始人雷蒙・克羅克最欣賞的格言是：「走你的路，世界上什麼也代替不了堅韌不拔——才幹代替不了，那些雖有才幹卻一事無成者，我們見得多了；天資代替不了，天生聰穎而一無所獲者幾乎成了笑談；教育也代替不了，受過教育的流浪漢在這個世界上比比皆是。唯有堅韌不拔，堅定信心，才能無往而不勝。」

體操是程菲的夢。程菲四歲那年便開始了訓練，每天早上，星星還在漆黑的天上閃爍的時候，程菲就起床了，爸爸陪著她跑步兩個多小時到體操館訓練，風雨無阻。

懂事的程菲知道自己家裡的條件並不好，自己能夠獲得專業訓練的機會是很不容易的，因此她在訓練時更加努力。父母看著程菲常因為訓練而摔得渾身烏青，他們十分心疼，但是能給程菲的最高獎勵只是花一元錢買三串程菲最愛吃的糯米團子。

為了在家裡也能訓練，父親在程菲的要求下，在家中的屋樑吊上杠子，兩根是雙槓，一根就是單槓。而練習用的「平衡木」則是爸爸用粉筆在地上畫的兩條線，小程菲卻如同在真正的器械上一樣，練得非常認真。

為了糾正天生的「八字腳」，程菲把自己的腳用繃帶纏上，走路、跑步的時候踮起腳，襪子常常黏在磨出血的腳上。媽媽心疼得一邊掉淚，一邊用酒精把女兒的襪子浸濕後一點點脫下來，有時程菲會疼得哇哇大哭，但她堅持訓練的決心仍然沒有一絲動搖。

天資並不出眾的程菲，在被選送到國家隊時差點兒吃了閉門羹。進入國家隊後，程菲在眾多運動員中毫不起眼，有一次她甚至被教練忘在了體操館裡。

但程菲格外能吃苦，很多人都不太願意練的跳馬，程菲卻練得很刻苦，她在完成了教練的要求後，還加大了自己的訓練量。其他隊員都回去之後，程菲仍在空曠的訓練大廳裡無數次重複著助跑、起跳、空翻、落地等動作。原本十分平凡的程菲用她的勤奮打動了著名教練陸善真，僅一年時間，程菲就在教練的指點下頻頻奪冠，繼而引起了世界體壇的關注。

程菲經常說：「給我機會，我就要把握住！」

教練陸善真稱讚她說：「程菲練這些動作不知經歷了多少痛苦的折磨和打擊，可她從不抱怨。」

在墨爾本世錦賽上，程菲的驚世一跳被國際體聯命名為「程菲跳」。

「程菲跳」是第一個以中國女運動員的名字命名的跳馬動作。原本平凡的程菲，用自己的勤奮和努力實現了她並不平凡的夢想。

做，其實很簡單，但是長期堅持去做則很難，一個人做一件好事很容易，難的是做一輩子好事。工作也是這樣，你認真做一項工作做了一年，但是在第二年就放棄了，那麼所有努力到頭來可能只是白費了，也沒有人會認為你是成功人士。所以說持續性很重要，只有將自己的行動延續下去，才有機會獲得最後的成功。行動力應該是持續性的，短暫的行動並不能帶來什麼好的結果，就像打井人一樣，你向下挖了二十米，依然沒有看見水，這時候可能就會放棄。可是水也許就在廿一米深的地方，只有堅持不懈往下挖的人才能夠看到水源。

馬雲做互聯網將近二十年，做阿里巴巴也做了十幾年，經歷了風風雨雨，但是從來沒有放棄過，也沒有半途而廢。也許有人會說馬雲當年是當老師的，後來卻辭了職，他還做過翻譯社，結果也賣掉了，這說明他是一個善變的人。其實並非如此，馬雲當年的確當過老師，可是他當老師只是為了養家糊口，可以說是無目的性的一種營生手段。至於他創辦翻譯社的確是在踐行自己的理想，就算在最困難的時期，馬雲也沒有放棄自己的理想，始終在經營翻譯社，而且他的翻譯社實際上是很成功的，這樣就不能叫半途而廢了。

在馬雲看來，自己的成功其實來得很簡單，就是數十年如一日地做同樣一件事。他堅持得比誰都要長久，所取得的成功自然也比誰都大。不僅如此，在阿里巴巴內部，當年和馬雲一起創業

的員工和夥伴如今大部分依然還在，這些人和馬雲一樣一直在堅守，持續地為阿里巴巴工作，如今這些人都成了百萬富翁、千萬富翁。

其實無論做什麼，持之以恆最重要，不管你的能力有多強，你的設想有多偉大，你的構思有多巧妙，如果不去做，不堅持做下去，那麼一切都是空談。當然堅持去做往往是非常困難的，一方面，你要有足夠強大的意志力，哪怕不斷失敗，也要堅持做下去，你失敗了一百次，但是也許會在第一百零一次獲得成功，只要意志足夠堅定，能夠承受生活的風險，就一定可以守得雲開見月明；另一方面，人容易自大自滿，小有成就時就覺得無須再努力了，常常會放鬆自己甚至是放棄繼續奮鬥。孔子說：善人我不能見到，能見到持之以恆的人也就可以了。世人多以無為有，以虛為滿，內實窮約而外為奢泰，難以做到持之以恆。

馬雲說，通常年輕人做事最大的問題就是激情有餘而後勁不足，常常會在中途放棄自己的理想，難以堅持下去，所以最終不容易成功。其實每個人都應對工作持續不斷地傾注激情，只要著手去做了，就要堅持下去，不能三天打魚兩天曬網，不能在困難面前輕易放棄，也不能小有成績就驕傲自滿、止步不前，而應該有不達目的不甘休的精神。

# [第五章] 會讀書不會玩很麻煩

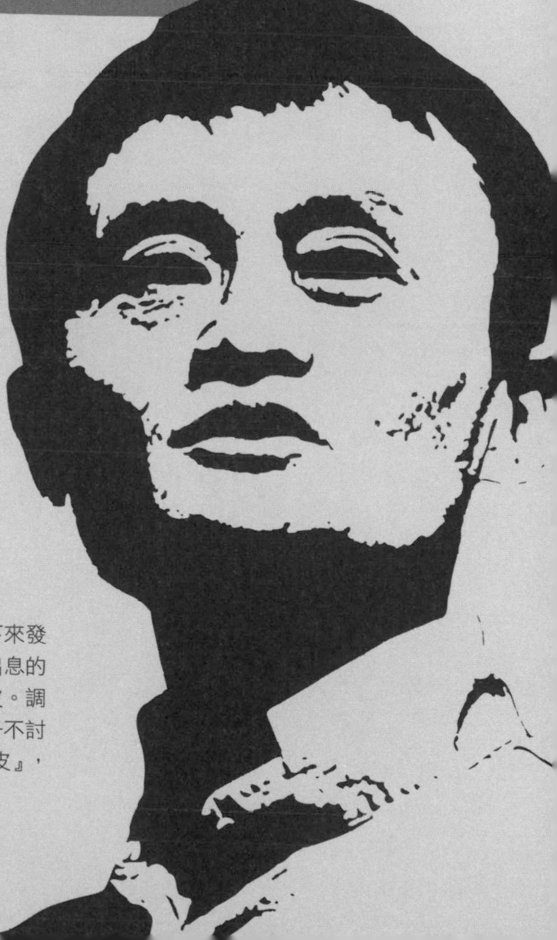

馬雲：「我招幾萬名年輕人，招聘下來發現有一個很有意思的問題，這些有出息的孩子，小時候都特別會玩，都特調皮。調皮的孩子容易成功。但是調皮的孩子不討老師喜歡，『這個孩子怎麼這麼調皮』，一頓罵，活活把他的天性扼殺住。」

# 1 創新是逼出來的

「我們的每一次創新，換句話說，都是為了活下去，然後『被』形勢所迫，越搞越大。」

——馬雲

在一場名為《創新的源泉》的講話中，馬雲坦言無法給出創新的定律，因為創新不是設計出來的，只能是在不斷出現的問題中去解決一個個問題。很多問題的解決方案並不是非此即彼，有可能幾種處理方式都是正確的，但是現實只給了你單項選擇的機會。

馬雲經常自嘲是「盲人騎瞎虎」：自己眼睛是瞎的，騎著的老虎也是瞎眼的，一路顛簸到現在。而他自己的一次次創新成功無外乎是因為在當時被「逼」著答對了每個單選題。

「我從不使用諮詢公司，也很少理會學者的說法，因為他們的理論都是事後歸納出來的。創新絕對不是提前就設計好，按圖索驥地一步步走下來的。創新沒有理論，也沒有公式，就是一個個地解決問題。我相信，天下有一千個問題，就有一千個回答。」馬雲說，「所以今天告訴大家，絕不是因為我們很聰明，看到了未來怎麼做，而是我們看到了市場需求。我們自己有這個壓力，我們必須渡過這些難關。」

阿里巴巴是什麼？馬雲說他最誠實的回答是：「告訴你們，其實連我也不知道。」現實在不停地變化，要給出一個標準答案，實在太難。

馬雲非常認同分眾傳媒創始人江南春的一句話：「有創意的人很多，但能執行創意的人很少。」

馬雲也曾經就這個問題與另一位達人——日本軟銀集團總裁孫正義討論過：「一流的點子加三流的執行水準」和「三流的點子加一流的執行水準」到底哪一個更重要？結果兩人得出一致答案：「三流的點子加一流的執行水準」最重要。

馬雲說，工業時代的發展是人工的，而網路經濟時代一切都是資訊化的，難以預測。因此阿里巴巴不是計畫出來的，而是「現在，立刻，馬上」幹出來的。

定位中小企業，被外界評價為阿里巴巴最大的商業模式創新。對此，馬雲說，「如果你要問我，阿里巴巴為什麼這麼厲害？你是如何這麼早就預測到電子商務的？那我要告訴你，其實當時我們沒有其他路可走。」

選擇電子商務是形勢所迫：當時的網路經濟模式只有三種，要麼做門戶網站，馬雲他們沒錢沒資源；要麼做遊戲網站，馬雲又不想自己和別人的小孩子們泡在遊戲裡；要麼做電子商務，馬雲他們只能選擇後者。

支付寶，現在看來也是一個很成功的創新，但馬雲又表示：那也是被「逼」出來的。

當年，淘寶剛火起來的時候，是沒辦法交易的，中國的網上誠信危機逼著馬雲他們必須解決支付的問題。

關於做支付寶的事情，馬雲說過：「這個事兒得國家發牌照，做還是不做？大的國有銀行不願意涉足這個領域，但是他們不做，花旗銀行、匯豐銀行這些外資銀行就會做。那年我參加會議的時候，聽一位領導人講，『什麼讓你創新和做出對未來的決定？那是使命。』所以我告訴同事們，我們做『支付寶』。但是我會每個季度向央行等有關部門報告我們到底怎麼做的。要做得乾淨，做得透明。」

當馬雲一開始將做支付寶的模式講給學者專家們聽的時候，對方一針見血地指出：「不就是仲介擔保嗎？太愚蠢了，這個東西幾百年以前就有。早就淘汰了，你幹嗎還要做？」馬雲也承認支付寶算不上創新，但是「我們不是想去創造一種新的商業模式，只不過是為了解決很現實的問題，至於它在技術上有沒有創新，那不是我們關心的話題」。

馬雲說他從來不談「模式的創新」，因為他無法在每個公司創業第一天就規劃它成型樣式。馬雲認為，創新是靠「需求」逼出來的：客户需要什麼，就調整成什麼樣子。

被「逼」出來的創新，才是真正的創新實力派。郭德綱總結自己如何成為「著名的非著名」演員時說：「當年做夢都想成為晚會演員，穿著西裝抹著紅嘴巴四處慰問去。奈何同業一口飯都不給，反倒集中『兵力』圍剿，我生生被逼出一條活路，才僥倖至此。想起蘇秦的一句話，『使我有洛陽二頃田，安能佩六國相印？』」

在馬雲的成功道路上，他從沒有時間停下來去想我是不是應該搞點創新，他的每一步創新都是被現實逼出來的，不管是阿里巴巴還是支付寶，都是為了適應實際需要而做出的自然而然的選擇，事實證明，基於現實的創新才是最有生命力的。

## 2 大家都稱讚的「創意」沒有價值

「給我一個項目，我讓十個人看，如果十個人都說好，我會毫不猶豫地扔進垃圾桶，因為大家都說好的東西，我馬雲何德何能，怎麼能夠做得比別人好？如果十個人中有九個都說不好，那我會仔細看這個項目，等我仔細看了，發現這個項目確實不好，我會放心地丟掉；但是如果我仔細看了，發現了別人沒發現的東西，那機會就獨屬於我了。」

——馬雲

我們常說：「大家好才是真的好。」這句話並沒有錯，但它也從某個角度上證明大家都看到了其中的玄機。如果一個創業項目大家都說好，很可能已經有人在做這個項目了，這個時候你再去做，就是步人後塵，你有什麼優勢去超越別人？就算還沒有人開始做，你是第一個做的人，你身後還會有一大批人來做這個項目。面對那麼多競爭者，你又有什麼競爭優勢？你又如何能一枝獨秀呢？這就是馬雲的創業邏輯，他選擇的是別人未曾走過的路，而不是隨波逐流。

仔細觀察各個領域的成功者，不論是著名的音樂家、畫家，還是商界大亨，他們之所以成功都不是因為模仿別人，而是因為堅定地走大家都認為沒有價值，都不想走，或都不敢走的路。

吃過葡萄的人都知道，葡萄籽兒堅硬，牲畜不吃，漚糞不爛。面對誰都不要的葡萄籽兒，北京鄭州女孩張麗雯卻認為：葡萄籽兒不是垃圾，而是放錯了地方的寶貝！

既然是寶貝，張麗雯肯定不會放過。消息傳開，北京大大小小的葡萄酒廠紛紛找上門來，希望張麗雯收下「一文不值」的葡萄籽兒，而且他們答應長期免費供貨。

男朋友見張麗雯四處收集葡萄籽兒，便萬般阻撓：「這是傻子才肯做的事，別人都不要的廢物，你要幹什麼？」

「不從眾，才會出眾！越是別人不看好的葡萄籽兒，就越有商機。」張麗雯非常自信地開起了玩笑，她告訴男朋友：「這是商機，暫時保密。」二○○九年八月，張麗雯籌集了三百萬元，從法國採購了一套壓榨設備，建了一個葡萄籽兒榨油廠。

葡萄籽兒能榨油？直到這時候，人們才知道張麗雯收集葡萄籽兒的目的，原來她是想把葡萄籽兒加工成葡萄籽兒油。張麗雯是怎麼知道這個秘密的呢？原來，她有位同學在法國葡萄酒產地波爾多地區打過工，他告訴張麗雯：葡萄籽兒可以榨油，葡萄籽兒油含有百分之四左右的花青素，具有很好的美容效果，還含有維生素E、維生素A等多種人體需要的營養成分，它的食用價值甚至比花生油還高，在國外廣為銷售。

正是受到這些話的啓發，張麗雯才大膽地做出了建葡萄籽兒榨油廠的決定。

二〇一〇年年初，張麗雯的葡萄籽兒榨油廠生產的葡萄籽兒油一上市，就立馬成了搶手貨。由於產品不愁銷路，原料又不花錢，這一年張麗雯淨賺五百多萬元。到二〇一二年六月，張麗雯已經從葡萄籽兒中挖掘出兩千多萬元的巨額財富。

別人問：「你為什麼看好葡萄籽兒的開發前景？」

張麗雯說：「不從眾，才會出眾！當所有人把葡萄籽兒當成垃圾扔掉時，我認為它是放錯地方的寶貝。」這就是張麗雯成功的邏輯。

成功的人，是突破傳統定式的創新者，他們敢於向未知挑戰，敢於掙脫常規，敢於在變化中冒險，敢於在得失中放棄。也只有富於創新精神，打破思維定式，才能夠在激烈的競爭中勝出。如果總是因循守舊地按照傳統辦事，永遠都不能走在時代的前列。

通常，有很多人在思考同一類問題時，不知不覺地就會滑向慣性的旋渦，繞著常規的思路打轉，很難從中掙脫出來。慣性思維好比是一個無形的枷鎖，嚴重地束縛了創新思維的生存與發展，致使大好機遇輕易溜走。

如果你想創新並取得成功，那麼你就應該有冒險精神，想別人不敢想的事情，做別人不敢做的事情，只有這樣，才能取得別人不可能取得的成功。如果你只是墨守成規，根本不可能有大的進步，也不會走在別人的前面。

# 3 反彈琵琶，倒立者贏

> 「在平時，我們很少會意識到，那些看起來強大的事物，如果倒過來看的話，就並非那麼強大了。」
>
> ——馬雲

「山重水複疑無路，柳暗花明又一村。」有時候，逆向思考一下，說不定會有意想不到的轉機。換個角度，就能看到不同的天空，視野會和之前完全不同，但這同時也是需要很大的勇氣，需要去接受全新的考驗。

倒立是阿里巴巴員工的「必修課」。在二〇〇五年，《富比士》雜誌上刊登了阿里巴巴員工貼牆倒立的照片，稱這是阿里巴巴公司員工的「招牌動作」。的確，阿里巴巴的員工都必須在進入公司三個月內學會倒立。男性要保持倒立姿勢三十秒才算過關，女性保持十秒就可以過關了。如果無法做到這一點，那就算其他方面再怎麼優秀，最後也只能是捲鋪蓋走人，離開公司。

馬雲自己也是倒立高手，他可以單手支撐身體，倒立幾分鐘都面不改色。為什麼要讓員工練習倒立呢？馬雲對此有自己的認識：第一，倒立可以鍛煉身體，不用器械輔助，隨時隨地就可以進行，十分方便；第二，通過練習倒立，促使員工對問題進行換位思考，用另一種眼光來看待，可以培養創新思維。

選擇注資一億元辦淘寶網的時候，馬雲遭到了很多人的質疑，當時中國的互聯網行業還處於冬天，另外，提供類似網路市場服務的易趣已經佔領了中國百分之八十以上的市場份額，國外的eBay在二〇〇二年花了三千萬美元，收購了易趣三分之一的股份，並在二〇〇三年以一點五億美元的價格收購了易趣餘下的股份，為的就是能夠加強對中國市場的投入，在中國市場佔據領先地位。

這樣的強大對手已經矗立在那裡，當時很多人都已經放棄了電子商務這一塊的業務，就是覺得沒什麼競爭力，馬雲偏偏要選擇與其競爭。所以，馬雲的做法在當時被形容為「瘋狂」「豪賭」。

馬雲注意到eBay雖然做得很大，但很多地方並不完善，有很多弱點，針對這些弱點，馬雲覺得這一仗自己還是有勝算的。馬雲那時候常說：「eBay可能是海裡的鯊魚，可我是揚子江裡的鱷魚，如果我們在海裡交戰，我便輸了；可如果我們在江裡交戰，我穩贏。」馬雲就是要走和eBay不同的路線，當地語系化行銷是淘寶網制勝的法寶。與eBay堅持收費不同，淘寶網並不著急去收錢、收回成本，而是先以培育市場為主要目的，把客户的滿意度放在首要位置。

一開始的時候，eBay的全球總裁惠特曼毫不掩飾自己對淘寶網的不屑，他預言淘寶網最多撐十八個月就要倒閉。但十八個月後，淘寶網不但沒倒閉，發展勢頭還越來越猛。eBay易趣的首席運營官鄭錫貴意識到了危機：「我們在中國要打的是一場『持久戰』，做的是一百年的計畫。」

馬雲不按常理出牌，再一次取得了勝利，淘寶網發展至今，已經是無人不知無人不曉的電子購物平台。在二〇一二年十一月十一日，淘寶網「光棍節」的銷售額達到了一九一億元。

這些成績都是當初人們想不到的，如果馬雲一直按常規思維辦企業的話，那也就不會有淘寶網了。

「一直有人説阿里巴巴的這個模式這樣不好那樣不好，所以創新得頂得住壓力，擋得住誘惑。我們最早被人説是瘋子，到今天被説成狂人。不管別人怎麼説，我們不在乎別人怎麼看待我們，我們在乎的是怎麼看待這個世界，如何按照我們的既定夢想一步一步往前走，這是做企業、做任何事一定要走的路。」

馬雲總結，「不要被常規思維給束縛住，要掙脫世俗，活出自我。」

人們往往會對一些常見的事物形成思維定式，但是有些事情是在不斷變化的，有些事情則是從未發生過的。如果還以固定的思路來思考，必然找不到解決問題的方法。所以，我們需要轉換視角，換個角度去思考。

洛克菲勒說：「思路決定出路，頭腦是否敏捷對成功至關重要。只有思維靈活的人，才能在變化中生存和發展。」當你覺得事情的發展與你的預期不相符時，就要及時、果斷地摒棄舊有的思路，換個思路，說不定問題就會迎刃而解了！

美國內華達州的拉斯維加斯是荒漠上的一片綠洲，那片神奇的土地吸引了無數遊客前去度假，所以，酒店成了那裡的熱門產業。

二〇〇六年，三十歲的卡特也很想擁有自己的酒店，但他並沒有多少錢，無法修建豪華的星級大酒店。一次偶然的機會，卡特購置了一家大型酒店邊的五層樓房，希望能夠將這五層樓房打造成他夢想中的酒店。

卡特為他的酒店做了精心的裝潢，還起了一個吸引人的名字，叫「夢幻酒店」，但酒店開張後，一直門庭冷落，鮮有顧客光顧。每當卡特看到遊客們徑直走到旁邊的大酒店，連看都不看一眼他的「夢幻酒店」時，就十分難過。

眼看時間一天一天過去，酒店的生意毫無起色，再這樣下去，早晚要關門大吉的。

這天，酒店還是空無一人，卡特心灰意懶地去附近的一個小村子裡散心。

在村子裡，卡特遇到了一位老人。他將自己最近的遭遇講給老人聽，老人聽完後，帶卡特來到村子旁邊的一個集市上，指著不遠處兩個賣桃的商販，對卡特說：「你仔細看，他們有什麼不同？」

一個商販的桃子又大又紅，可不管商販怎麼吆喝，他的攤位前買桃子的人就是多不起來；反倒是另一個商販，沒有怎麼吆喝，攤位前卻有很多人在買桃。卡特注意到這個商販每賣出一袋桃子，就送一瓶自來水。

老人對卡特說：「這瓶水是用來洗桃子的。這裡缺水，很多人買了桃子，想要吃新鮮的，但找不到水，就只好用手擦拭桃子，可是桃子上的毛刺會讓人的手很癢，這個商販送一瓶水，會讓買桃的顧客感到方便很多。」

卡特從老人的話語中得到啓發，他回去後，馬上與一家純淨水公司取得聯繫，讓他們每天送大量的水到酒店，每當一桌客人吃完飯之後，他就送上兩瓶免費的純淨水。久而久之，來卡特店裡吃飯、住宿的客人多了起來。

原本快要倒閉的「夢幻酒店」逐漸壯大起來，不久之後，還兼併了旁邊的大型酒店。卡特利用拉斯維加斯屬於沙漠地帶，天氣乾燥缺水的特點，打造了一個免費送水給顧客的活動，不僅讓顧客感受到了酒店的人文關懷，也化解了自身的危機。

面對同一個問題，面對同樣的市場競爭，如果換一個角度去思考，就會出現截然不同的結果。馬雲讓員工倒立，就是希望員工能夠時時刻刻記著，人生不是只有一條出路，有時候，看著是一條死胡同，可沒準兒換個角度去看，就能發現另有出路通向大道。

人們在想問題時往往會帶著一種主見，順著習慣的思路進行。但是，這樣的思考也許並不客觀，也不完善。俗話說：當局者迷，旁觀者清。習慣性思維常常阻礙難題的解決，逆向思維就是要衝破習慣性思維的條條框框，從現有的思路返回。

與習慣性思維不同，逆向思維是反過來思考問題，是用絕大多數人沒有想到的思維方式去思考問題，實際上就是以「出奇」達到「制勝」的目的。

打破常規思維模式，你會發現解決問題的途徑不止一條，你可以從中選擇出最佳路徑，更快、更有效地解決問題。否則，一根筋地往前走，那肯定是要碰壁的。常規是約束創造力的枷鎖，如果我們能夠打破常規，衝出重圍，我們就可以開啟成功的大門；否則，我們永遠只能在成功邊緣徘徊。

# 4 把顛覆當作一種能力

「很多人看好的時候，就沒你的事兒了；很多人不看好的時候，你去思考，去爭取，就會形成機會。」

——馬雲

在很多人看來，馬雲絕對是一個異類。在同行看來，他就是百分百的外行：他不懂電腦，不懂管理學，不懂廣告，也不許公司做廣告。他認為自己很傻，「像阿甘一樣簡單」。

然而正是因為他的外行、他的「很傻很天真」，成就了他不按常理出牌的顛覆力。因為外行和簡單，他總是能看到別人看不到的東西，看得更具實質性，認為「這事兒沒什麼難的，沒什麼複雜的」，做起來就會很猛。別人認為不可能的事情，他覺得沒什麼不可能的，別人認為做不到的事情，他總是能做到。

有一次，馬雲應邀去日本參加一個互聯網國際會議。在會場閒談的時候，有位經常到中國出差的日本朋友過來跟他抱怨：「啊呀，每次到你們中國，我都上不了我在日本的博客。你們中國網路管理這麼嚴，怎麼可能做好電子商務呢？」

這位日本友人的疑問代表了很多人的觀點：監管這麼嚴，確實和電子商務矛盾重重啊！

馬雲回答得很絕：「網管的事情我解決不了，可是你說的這種情況充其量占百分之五，百分之五的網站上不了，我們何必死盯著這百分之五呢？我們為何不把眼光放在更多的百分之九十五的市場？這個道理很明顯：如果你只埋怨百分之五，就會否定更多的機會，而你本人也只會越來越消極，越來越痛苦。」

馬雲接著引申開來，有時候被同事、老師、同學誤解很正常，但應該看到，大部分時候，相處都是愉快的。所以，不要因為個別的誤解，影響到長期積累的感情。馬雲的思維就是這麼不同尋常。

在現實生活中，我們很容易看到負面的東西，而忽視更多的正能量。所以「這事兒根本不可能嘛」就會經常脫口而出。實際上，很多事情，只要去想，總是可以做的。

很多公司都喜歡砸錢做廣告，動輒上億元在中央電視台搶標王，而馬雲卻偏偏反其道而行之，做廣告盡可能不花錢。

一九九九年七月，錢已經成為阿里巴巴迫切需要解決的重要問題，甚至困窘到馬雲必須借錢來發團隊成員的工資了。就是在這個艱難的時刻，馬雲還是接連拒絕各方投資者，前前後後一共有三十八次。之所以要「打腫臉充胖子」，用馬雲的話來解釋就是：「除了錢，他們不能為阿里巴巴多帶來其他任何東西。」

也就在此時，阿里巴巴受到了來自美國頂級的商業媒體《商業週刊》的關注。起因是據說有人在阿里巴巴網站上發佈消息，說可以買到AK-47步槍。這條消息把馬雲嚇了一跳，可是馬雲他們找遍網站所有的消息也沒有找到這條買賣資訊。

塞翁失馬，焉知非福。儘管有關AK-47的報導給阿里巴巴帶來了一些負面影響，但也帶來了更多國際記者紛至遝來的腳步，伴隨這些腳步而來的當然還有國外的投資者。而在此之前，許多國際風險投資機構都已經注意到了一九九九年火熱的中國互聯網。在這一年，國際風險投資機構大規模地在中國互聯網市場進行投資，以著名的老虎基金、高盛和軟銀為代表的風險投資商向中國門戶網站及電子商務網站大股投資。

一九九九年十月，由高盛公司牽頭，美國、亞洲、歐洲多家一流的基金公司參與，阿里巴巴引入了第一筆高達五百萬美元的風險投資。此次投資不僅成為阿里巴巴首輪「天使基金」，也成為轟動一時的特大新聞。

接下來，軟銀公司也開始盯上了阿里巴巴，在北京的一次簡單會面後，軟銀宣佈為阿里巴巴融資兩千萬美元。

二〇〇一年之後，阿里巴巴制定了零公關策略。馬雲提出不花一分錢做公關的時候，周圍的人都覺得不可思議。事實上，馬雲還真的就沒花錢。他自己衝到了前線，抓住一切露臉的機會，不放棄任何開口說話的場合，親自和記者們定期交流，不論資歷，不論名氣，馬雲用最原始的方式一遍一遍對媒體做普及工作。到了淘寶時期，有了更充裕的資金做保障，馬雲更是一躍成了各媒體的座上客，一時間，馬雲大熱，馬雲力推的淘寶也大熱起來，特別是馬雲關於淘寶將創造一百萬個就業機會的那些話語，更是熱到諸多草根創業者為之傳頌的地步。

有人認定，中國的互聯網環境做不好電子商務，馬雲卻把負面的東西忽略掉，只抓正面的東西，把電子商務做起來了。有人認定，不花錢做廣告是不可能的事兒，馬雲卻一分錢不花，讓自己和阿里巴巴成為了媒體的寵兒。

阿里巴巴不走其他網路公司的老路：找錢—招人—做事—找錢。而是獨闢蹊徑：招人—做事—找錢。人家是先融資再做品牌，馬雲偏偏反其道而行之；人家是網站找風險投資，馬雲卻讓風險投資找網站。他先是精心做品牌，不談投資；然後又對風險投資百般挑剔，先後拒絕了三十七家上門的投資商，才最終接受了高盛的第一筆風險投資。馬雲能如此「囂張」是因為他擁有一個一流的團隊和一個潛力巨大的品牌。

有些人總是習慣說「這是不可能的」「那是沒有辦法的事情」。其實未必，只要有問題，就會有解決的方法，而且方法一定比問題多。即便是看起來根本不能解決的問題，如果積極思考，也能尋找到妥善解決的方法。

很多時候，尋找解決問題的方法是不容易的，但是方法總是有的，只要我們用心思考。工作中的難題也是一樣，我們在工作中也要堅持這樣的原則，方法總比問題多，有問題就必定有解決的方法。

所謂顛覆，就是凡事倒過去思考，從反方向去問自己為什麼不可以。這種思維形成習慣後，你會發現：很多事情，在某種條件下，都是可以做到的。可行與不可行，在某些條件下都是可以相互轉化的。逆向思維慣性，可以讓你的思路變得更寬，更能看透本質，於是顛覆就會成為一種力量。

## 5 鷹的眼光，搶在變化之前先變

「這是個高速變化的世界，我們的產業在變，我們的環境在變，我們自己在變，我們的對手也在變……我們周圍的一切全在變化之中！」

——馬雲

在事業上能夠成功的人，基本上都具備敏銳的眼光，他們總是可以洞悉到市場的變化，然後牢牢把握住，以先人一步的勇氣與膽魄，成功地開創屬於自己的一番新天地。

互聯網行業瞬息萬變，也許今天你還能在業界叱吒一方，可能到了明天就會被淘汰下去。當舊的B2C模式遇到瓶頸、難以發展時，馬雲開始思考，如何顛覆傳統，創新未來。

傳統的B2C模式需要投入鉅資建立倉儲、配送中心，中間的成本耗資巨大，可獲取的利潤十分少，僅在百分之五左右。馬雲談到B2C時，說道：「即使美國有那麼好的配送和物流基礎，但是亞馬遜只有百分之五的利潤。在中國，Ｂ２Ｃ的市場已經很成熟了，但是你看卓越、噹噹還是活得很辛苦，說明這個模式有問題。」

馬雲認為應該有一種更新的模式，更適合中國國情的電子商務模式出現。在二○○四年的時候，他曾表示：「未來的電子商務，將沒有Ｂ２Ｂ與Ｃ２Ｃ的界限，最大的好處是電子商務將像身邊的自來水一樣方便。」

二○○四年九月，阿里巴巴成立五周年時，馬雲宣佈了阿里巴巴公司的一次人事調整，公司戰略從「meet at alibaba」全面跨越到「work at alibaba」。馬雲解釋為：「『meet』就是把客户聚在一起，就像建水庫。如果養魚，沒什麼意思；如果做旅遊，還要花費水電。所以，『meet』的錢都是小錢。『work』則意味著水庫要鋪管道，水送到家裡要變成自來水，自來水廠賺的錢一定比水庫多。」

馬雲預言未來的電子商務對每一個中小企業都能像自來水一樣方便。他說：「各種電子商務形態在未來都將融合，在一個大平台上運行。連通Ｂ２Ｂ與Ｃ２Ｃ平台之後，一種全新的Ｂ２Ｃ模式將會產生。」

按照馬雲的設想，阿里巴巴嘗試將阿里巴巴的買家和賣家引到淘寶網，鼓勵淘寶網的賣家去阿里巴巴進貨，並且把商品批發給消費者，打通了Ｂ２Ｂ和Ｃ２Ｃ的界限。阿里巴巴進行的這種模式讓電子商務模式直接介入了企業流程，把電子商務的工具真正還給了廠商，幫助他們在各個環節上賺錢。

馬雲的這次改革，不但完全融合了B2B和C2C模式，還形成了之後整個電子商務的走向。這種新模式一經推出與推廣，很多國內外知名廠商紛紛「趨之若鶩」，在淘寶網上開了專門的店鋪。

新的模式被接受，一種商業模式的完全顛覆，馬雲這一次搶先出擊又取得了完勝。創新永遠要走在時代的前端。馬雲說道：「我們認為去年、今年和明年是電子商務的一個積累期，到了二〇〇八年、二〇〇九年必然有一個爆發。因此我們必須搶在這個變化前先變，而不是等到出了問題再去想辦法解決。這是阿里巴巴保持變革能力的關鍵。」

# 6 勿做他人「跟班」，人生不可複製

「讓別人跟著鯨魚跑吧。我們只要抓些小蝦米。我們很快就會聚攏五十萬個進出口商，我怎麼可能從他們身上分文不得呢？」

——馬雲

一切創新活動都離不開創新思維。要想取得成功，就要學會用與別人不同的思維方式、別人忽略的思維方式來思考問題，也就是說要有一定的創造性。科學的真正意義在於發現，而從方法論來講，能否發現則在於如何思維。科學發明是一種創造性工作，它的實質則在於創新，離開了創新將一事無成。

歷史是源遠流長而偉大的，這需要大家用心來學習。但我們在學習前人優秀東西的同時，也為自己編織了一張無形的網——前人固有思想的一張網。這張網給了我們許多知識，但有時候也網住了我們自己的思想。此時，只有勇敢地否定前人，衝破這張網，才能夠創造新的東西，得到新的發展。

一九九二年，馬雲到新加坡參加亞洲電子商務大會時，立志要做適合中國乃至亞洲的電子商務模式。後來這個想法逐漸成熟，馬雲要做的就是針對中小企業的電子商務模式。

在世界商業舞台上，中小企業一直屬於弱勢群體，而這種情況在以出口導向型經濟為主的亞洲尤為明顯。亞洲是全球最大的出口基地，中小型供應商十分密集，然而，如此眾多的中小企業，自身卻無力投入資金進行市場推廣。馬雲正是盯準了這一塊得天獨厚的優勢資源。

因此，阿里巴巴剛一創建，馬雲就給自己定下了明確的發展方向——不做那百分之二十大企業的生意，只做百分之八十中小企業的生意。對於自己這種不按常規出牌的創業模式，馬雲說：「如果把企業也分成富人窮人，那麼互聯網就是窮人的世界。因為大企業有自己專門的資訊管道，有巨額廣告費，小企業什麼都沒有，他們才是最需要互聯網的人。而我就是要領導窮人起來『鬧革命』。」

同時，馬雲還把大企業比作鯨魚，把小企業稱為蝦米。阿里巴巴就是要為那些「蝦米」服務。對於為何這樣定位阿里巴巴的服務方向，馬雲解釋說：「國外的B2B都是以大企業為主，我以中小企業為主。鯨魚有油水，資金、人力、技術都很充足。像Commerce One（美國第一商務公司）、Ariba（美國一家軟體資訊服務公司）

這樣的歐美公司來到中國，他們的目標是找鯨魚。可是中國沒有多少鯨魚，即便為數不多的那幾條鯨魚，還有些是不健康的，貿易流程缺少標準，資訊化程度低。」

馬雲獨創了以服務中小企業為主的模式，他不願去模仿大公司，他認為那樣的做法是不成熟的。很多創業者會在創業初期不自覺地按照大公司的做法來規劃自己的公司。雖然大公司的一些做法是經過錘煉的，是有益的，但大公司為了穩妥，一般變化都比較慢，且有資本為「慢」付出代價，小公司卻付不起。所以，馬雲認為中小企業應當有自己獨有的模式，而不是跟在大公司後面模仿。

「所謂電子商務，商務是本，電子充其量只是一種手段。」馬雲對自己要做的事一直保持著清醒的頭腦，他說「既然是以商業服務為主，一定要貼近中國市場和中國文化特色需求」。

很快，這個為中小企業搭建起的業務平台就一傳十，十傳百，在中小企業之間迅速傳開了，其獨特的經營模式也吸引了眾多投資商的眼球。全球著名風險投資機構Invest AB Latour亞洲代表蔡崇信原本是和馬雲洽談投資事宜，然而卻被阿里巴巴的前景所吸引，毅然辭職隨馬雲一起創業。當美國華爾街風險投資商得知阿里巴巴這一網站後，高盛集團便決定向其投資五百萬美元。成功投資了雅虎網站的軟銀董事長孫正義僅與馬雲談了六分鐘，便決定投資兩千萬美元。

馬雲正是看到了中小企業頑強的生命力和巨大的發展潛力，從一開始便選擇了正確的方向和成功的模式。馬雲的「夢想」在這些鉅資的幫助下迅速地發展起來，商務平台也越來越大，同時，註冊的會員越來越多，點擊率更是直線上升。馬雲的這種「讓別人跟著鯨魚跑吧」的想法，使如今的阿里巴巴擠滿了成千上萬的供應商。

有些人只懂勤勤懇懇，循規蹈矩，從不注意自我創造，總是去模仿他人，追隨他人，做別人已經做過的事情，因此一生也不會有多大成就。而有的人卻具有創造思想，運用新奇和進步的方法，努力尋找一種最佳的途徑，在有限的條件中發揮才智的作用，將工作做到完美，開闢出一條通往成功的路徑。

真正有創新精神的人通常不按常規出牌，他善於突破常規思維。當別人一窩蜂地朝著一個方向擁去，他卻敢於打破常規，在似乎無路的地方開闢一條道路，最終收穫不同尋常的成功。

所以，無論何時何地，你都要衝出自我營造的「模仿牢籠」，做一個勤於思考的人，做一個善於觀察的人，做一個敢於創新的人。做到這些，也許下一個成功者就是你了。

# 7 想像力是巨大的財富

美國發明家和教育家陶德・西勒說：「所謂天才，總能於凡人不經意之處發現意外的事物，他們在不可能的事物當中看出種種的可能。」

陶德・西勒還提出了「超傳思維」的概念，認為天才的思考方式就是「超傳」，即把某個事物或者想法的新的含義和聯繫，傳遞到另一個事物或者想法上去，產生新的創意，即我們通常所講的天馬行空的想像力。從馬雲的創業經歷中，我們發現他的很多創業構想都來源於他的不可思議的想像力。

馬雲成功創業之後，很多人認為他有經商的天賦，馬雲在接受楊瀾採訪時說：「我不覺得自己有什麼經商天賦，我只不過喜歡看一些金庸的小說。」

馬雲小時候最大的業餘愛好是讀金庸的武俠小說，因為武俠小說可以讓他「東想西想」。他還特別喜歡去各個茶館聽杭州大書、蘇州評彈。虛擬的世界讓他插上了想像思維的翅膀。

馬雲很善於演繹金庸的武俠境界並實踐到自己的創業過程之中，二〇〇〇年馬雲還突發奇想，請金庸主持了網路英雄的「西湖論劍」大會。很多時候，他談論創業經驗，就像是在講自己的武俠故事。

如今，馬雲運用他的想像力，在「光明頂」開始構築他的「電子商務王國」：阿里巴巴讓「天下沒有難做的生意」，淘寶網讓「天下沒有淘不到的寶貝」，阿里軟體讓「天下沒有難管的生意」，阿里媽媽讓「天下沒有難做的廣告」，支付寶讓「天下無賊」，馬雲用他的「達摩五指」，欲將百分之八十的中小企業「一網打盡」，一統江湖。

馬雲天馬行空的想像力，還表現在「外行領導內行」的管理風格上。馬雲常被形容為一個「不懂ＩＴ的ＩＴ英雄」「不懂網路的網路精英」。馬雲說：「我只會幹兩件事，一是流覽網頁，二是收發電子郵件，其他的一竅不通，我連如何在電腦上看ＶＣＤ（影音光碟）都不會弄！」在阿里巴巴的每一款新產品推向市場之前，馬雲都是該產品的「第一測試員」。他一再堅持，「只要我馬雲不會用，社會上百分之八十的人就不會使用」。如「第一測試員」這關過不了，那些神通廣大的工程師們都要從頭再來。馬雲充當了第一顧客的換位思考角色。

人們常常生活在自己的習慣裡。用習慣的眼光看問題，用習慣的思路想問題。因此，眼光往往受到限制、約束，思路變得狹窄，無法發現生活的真諦和創業智慧。這時候，一個小小的改變，可能會起到意想不到的作用。

拿破崙曾經說過想像力統治全球。愛因斯坦也說：「想像力比知識更加重要，因為知識是有限的，而想像力概括著世界的一切。」任何一個傑出人士都不會忽視想像力的作用。

亨利・福特和安德魯・卡內基是生意上的夥伴和生活上的朋友。當福特的汽車廠大批生產汽車的時代來臨的時候，卡內基的鋼鐵也像樹木一樣源源不斷地運送到了福特汽車製造廠。福特當時的名氣像卡內基、洛克菲勒一樣傳遍全球。

福特一八六三年七月出生在美國的密西根州，他的父親是個農夫，認為教育是一種浪費，他想讓兒子留在自己的農場裡，給自己當幫手，而不是去念書。

福特從小就在農場裡幹活兒，很小的時候就對機器感興趣，於是，他就想用機器代替人力和牲畜。

在福特還只有十二歲的時候，他就開始構想製造一部能在公路上行走的機器，這個想法深深地在他的頭腦中紮了根。

他周圍的人都勸他放棄這個念頭，覺得他的想法是不切實際的，老福特想讓兒子做自己的助手，但是少年福特卻想成為一名機械師。他只用了一年的時間就完成了別人在三年內才完成的機械訓練課程，從此，雖然老福特的農場裡少了一個幫手，美國的工業史上卻多了一位偉大的工業家。

福特認為這個世界上沒有不可能的事，於是，他用了兩年多的時間去推進他的新構想，但是後來卻走進了死胡同。有一次，他在雜誌上看到汽油氧化後，可以形成燃料代替照明煤燈，這觸發了他的想像力和創造力，從此，他全心投入到汽油的研究工作中。

福特每天都在夢想能製造出第一輛汽車，他的創意受到大發明家愛迪生的賞識，愛迪生邀請他擔任底特律愛迪生公司的工程師，讓他有機會把自己的夢想變成現實。終於，在一八九二年，福特廿九歲的時候，他成功地製造出世界上第一部汽車引擎。到了一八九六年，世界上第一輛摩托車也誕生了。

從一九〇八年開始，福特致力於推廣摩托車的銷售，當時的摩托車以非常低廉的價格出售，以吸引消費者。今天的美國，每個家庭都有一部以上的汽車，而底特律一躍成為美國最大的工業城市，成了福特的汽車之都。

很多人認為福特的成功是因為運氣好，或者有一位成功的朋友幫忙，或者是他有天分，或者他們想像中的各種福特秘訣。這些東西讓福特獲得了成功，但是他們從來沒想過，真正讓福特獲得成功的，很簡單，就是想像力。事實上，在某種條件下，只有能想到，才能做到。

想像力是一筆巨大的財富，如果能正確地運用它，你就能從平庸走向傑出！

# [第六章]

# 前3名的學生，一遇挫折就掉下去了

馬雲：「我招聘時，不喜歡一個班裡從小到大前3名的學生，前3名的學生進入工作崗位，失敗機率實在太大。他覺得我是最好的，一點兒挫折就掉下去了，社會上不吃這一套。而往往最好的學生是什麼呢？10名左右，讀書不是很用功，搞來搞去就是10名左右。」

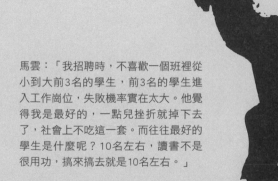

# 1 不斷被否定，才能成長為最好的自己

「有時候不被人看好是一種福氣。正因為沒有被看好，大家都沒有殺進來，如果好的話肯定不屬於馬雲，所有好的東西就不可能輪到我了。」

——馬雲

人生路上，可能春風得意，也可能坎坷不平，無論如何，我們都要堅持走下去；榮耀也罷，屈辱也罷，都要以平和的心態去面對；少一些無奈與感慨，多一份從容和淡然。凡是想按自己的道路成長的人，總不免被別人誤解、質疑、否定。在別人的否定中，有些人選擇了沉淪，有些人則選擇了堅守。選擇沉淪的人很可能就此平庸下去，而選擇接受否定、堅持自我的人，則在否定中鍛煉了意志，找尋到了屬於自己的成長路徑。

若知道看起來骨瘦如柴、弱不禁風的馬雲小時候最大的愛好就是跟人打架，也許很多人會大跌眼鏡。正如沒有人能料到他日後能成為中國ＩＴ界的巨人一樣，從小調

皮的馬雲，幾乎沒有人對他的未來抱有期待。他最後卻成為了全球最大B2B網站、中國電子商務網站的開拓者，也是唯一敢與全球著名的電子商務網eBay和亞馬遜抗衡的中國網路經濟鉅子。

馬雲的創業之所以能成功，原因就在於遭受失敗與挫折、不斷被否定時，他仍在堅持。馬雲從未想過要上一流的學校，從小到大，他念過的小學、中學、高中都是三四流的。小學考重點中學考了三次都沒有考上，初中考高中考了兩次，高中考大學考了三次才考了個專科師範學院。唯一可以拿得上檯面的，就是他的英語稍好一點。

第一次考大學失敗後，馬雲便步入了社會。馬雲當過秘書，也做過搬運的工作，他踩著三輪車幫人家把書刊紮在一起，廿五本成一包，需要走十千米路通過鐵路運輸管道轉發到其他地方。後來馬雲一邊工作一邊考大學，可他的考試成績還是不好。

儘管他一次次被現實所否定，但馬雲心懷壯志，從未放棄，因為他深知，只有不斷遭遇失敗，不斷被否定仍然堅持夢想的人，最後才有可能成功。終於，功夫不負有心人，一次次被否定的馬雲總算在第三次高考中得到了回報，考進了杭州師範學院。成名後的馬雲並不迴避談論考大學的這段尷尬經歷，反而喜歡拿這三次高考自我調侃為「幫助成績不好的人找回信心」。

馬雲的事例告訴我們，人生本應該是一個不斷尋找自我的過程。很多人在年輕的時候都擁有很美好的理想，但因為種種原因，總是有人不斷掉隊、迷失。只有那些不斷超越被否定、不斷重新發現自己的人，才能夠成為真正的強者。否定，是壓力，同樣也是動力。否定在讓人沉淪的同時，也能讓人更加清醒。所以，一個人在邁向成功的時候，是非常需要被否定的，被否定讓人變得更加堅強。

美國黑人女性的傑出代表、好萊塢當時最紅的女明星之一哈莉・貝瑞集美麗、智慧和堅忍於一身。從十七歲開始，她就接連不斷地榮獲令人羨慕的殊榮與獎勵。

二〇〇一年三月的一天，第七十四屆奧斯卡金像獎頒獎典禮在洛杉磯的柯達劇院隆重舉行。此刻，在奧斯卡頒獎的歷史上翻開了嶄新的一頁，傲慢的奧斯卡終於被黑人演員的成就所征服，一扇向黑人演員關閉了七十四年之久的獎勵大門終於敞開了。哈莉・貝瑞憑藉在電影《怪物午宴》中的精彩表演，獲得了奧斯卡「最佳女主角」獎，成為奧斯卡歷史上的第一個黑人影后。她手捧奧斯卡小金人，興奮地高高舉起。

但是，即使是命運的寵兒，也不可能永遠一帆風順。二〇〇五年二月的一天，命運同哈莉・貝瑞開了一個天大的玩笑，將她從人生的巔峰拋到了谷底。在第廿五屆「最差」獎頒獎儀式上，她主演的《貓女》被評為「最差影片」，她也被評為「最差女主角」。她走上了領獎台，用曾經接受過奧斯卡最佳女主角獎盃的那雙手，接過了金酸莓「最差女主角」的獎盃，成為第一位親手接過此獎盃的好萊塢女影星。

金酸莓電影獎設立於一九八一年，跟奧斯卡獎評選「最佳」相反，該獎專門評選「最差」影片、「最差」導演和「最差」演員等，並且舉行頒獎儀式，頒發獎盃。對於這個帶有惡作劇意味的頒獎，好萊塢的明星大腕們從不正眼相看，也從來沒有一個當紅的女明星參加過這個頒獎儀式，更沒有一個當紅的女明星有勇氣親手接過授予自己的「最差女主角」獎盃。

哈莉・貝瑞在人生的巔峰時沒有忘乎所以，認為自己是絕對的成功；在人生的谷底時也沒有一蹶不振，認為自己是絕對的失敗。她難能可貴地認為，在人生旅途的地平線上，成功與失敗同樣都是嶄新的開始。

她在發表獲獎感言時說：「我的上帝！我這輩子從來沒有想過我會來到這裡，贏得『最差』獎，這不是我曾經立志要實現的理想。但我仍然要感謝你們，我會將你們給我的批評當作一筆最珍貴的財富。」她最後對大家說：「請相信，我不會停下來，我今後會帶給大家更精彩的表演。」

聽到這些話，人們給了她一陣又一陣熱烈的掌聲。

頒獎過後，記者圍住了哈莉・貝瑞。有人問：「您為什麼不怕丟醜前來領獎？」

她說：「我認為，作為一個演員，不能只聽他人的溢美之詞，而拒絕接受別人對自己的批評和指責。既然我能參加奧斯卡頒獎典禮並接過小金人，那麼我也就應該有勇氣去拿金酸莓的獎盃。」

有人問：「您將如何保存這個獎盃？」

她舉起手中的「最差女主角」獎盃說：「我要將它放在我的廚房裡，我每天都會面對它。它很有分量，就算全世界的讚揚和恭維像颶風一樣襲來，只要看它一眼，我就不會被吹到雲彩上面去。在許多人都讚揚和恭維的時候，批評和指責的聲音是最珍貴的，因為它使人清醒，讓人不會頭腦發熱到找不到自己，所以我一直將批評和指責當作最珍貴的財富。」

當有人請她留言簽名的時候，她寫下了小時候媽媽千叮嚀萬囑咐的一句話：「如果不能做一個好的失敗者，也就不能做一個好的成功者。」

成功就像是把一塊石膏做成雕塑，需要不斷地修正才能最終得到你想要的形狀。無論是他人的否定還是自我否定，都是修正的方向和動力。只有不斷地接受否定，反思自己，你才能夠取得最後的成功。因為有的門關上了，你才不得不尋找新的路；因為有的人離開了，你才不得不遇上新人；因為不斷被否定和拒絕，你才開始了自我肯定和接納之路。

毫無疑問，馬雲是匹「黑馬」，他能夠出乎所有人意料成為贏家。「黑馬」的「黑」就是因為不被人看好。馬雲也一樣，人們認為他做不到，但是最終他卻做到了，進而讓那些不看好他的人瞠目結舌。

馬雲說，一個成功者其實更歡迎別人的質疑和否定，因為這些否定和質疑的聲音被他們當作鞭策自己的動力，讓自己變得更強大。別人越不看好我們，我們越是要努力追求成功。一個人不是做任何事都能夠得到別人的掌聲的，當質疑和嘲諷的聲音困擾你時，縱使沒人看好你，你也不要輕易放棄那個不被他人看好的理想，這才是成功者應有的素質。

總有一天你會發現：正因為有的門關上了，你才發現了真正適合自己的路；正因為有人離開了，你才遇上了能真正給你幸福的人；正因為被否定，你才找到了真正的自己！

## 2 生活的悲劇不是失敗，而是差一點兒就成功

「我困難，還有人比我更困難；我難過，對手比我更難過，誰能熬得住誰就贏。放棄才是最大的失敗，假如你關掉你的工廠，關掉你的企業，你就永遠沒有再回來的機會。」

——馬雲

在人生的戰場上，沒有誰是永遠的失敗者，真正的失敗者也許就是主動放棄的人。馬雲說：「有結果不一定會成功，但沒有結果的人一定會失敗。」有時候成功與否並不重要，重要的是你能否堅持走到最後，能否等到一個屬於自己的結果。

很多人都說馬雲是一個幸運的成功者，因為他很少遇到什麼困難，也沒有經歷過什麼失敗，可馬雲卻認為自己的人生有一半時間是活在逆境當中的。阿里巴巴創業初期的資金危機、千年伊始的嚴冬危機、二〇〇一年互聯網泡沫危機、淘寶網的信譽危機，各種危機始終在馬雲身邊徘徊。他並不像外界所想的那樣輕鬆，為了解決困難，他曾經每天工作二十個小時。

馬雲從來不會輕易放棄，因為他知道一旦自己扛不住了，想要放棄了，那麼之前的所有努力都會白費，所以每次他都會咬牙堅持下去。馬雲自認為是一個不達目的誓不甘休的人，他曾經想過將阿里巴巴打造成為中國最大的電子商務公司，如今他做到了，他想要讓阿里巴巴上市，他也做到了，他想過讓阿里巴巴成為世界電子商務巨頭，他也已經做到了。而他之所以能夠實現這些理想，就在於他能夠堅持，他從來不會放棄自己的夢想，哪怕困難再多再大，他也會想辦法一一克服。

將互聯網作為自己的事業目標，源於馬雲的一次美國之行。一九九五年年初的時候，杭州市政府正在修杭州通往安徽阜陽的高速公路。這是政府招商引資的一個項目，當時一家美國的投資公司參與了這個項目，雖然雙方很快達成了一致，杭州政府也開始動工，但工程進行了一年多之後，美國這家投資公司卻遲遲沒有按期支付合同金。

杭州方面決定派人再去和美國這家公司溝通一下。為了能夠確保溝通順暢，讓美國這家公司儘早支付合同金，有人提議，讓海博翻譯社的老闆馬雲出面，完成這次任務。當時的馬雲剛剛開始創業，雖然業務開展得並不是很多，但名聲在外，很多政界、商界的人物都聽說過他。

就這樣，馬雲前往美國去做翻譯和協調的工作，可令他沒想到的是，本以為是一次簡單的工作之旅，卻差點成了「有去無回」的驚悚歷險。馬雲後來提起這事兒：「簡直就是一部典型的美式風格的好萊塢大片，特別是後來我到了美國被黑社會追殺，我的箱子現在還在好萊塢呢。」

到了洛杉磯之後，美國這家公司絕口不提合同的事情，而是派人帶著馬雲四處吃喝玩樂。馬雲被安排在一座富麗堂皇的別墅裡住著，美國公司派了專人負責照顧馬雲的起居飲食，但馬雲是肩負著杭州政府派給他的任務來的，所以對這些並沒表現出什麼興趣。

照顧馬雲的人看出他心不在焉，又提議馬雲去嘗試刺激的玩意兒。征得馬雲同意後，他們帶著馬雲到了拉斯維加斯賭場。

賭場裡到處都是一擲千金的大亨和賭徒，馬雲不願賭博，但抱著「既來之，則安之」的心態，就玩了玩賭場裡的老虎機，權當過過癮。

從賭場回來後，馬雲漸漸感覺有點兒不對勁兒——美國的公司無意與他談合同的事情。在馬雲的一再追問下，美國公司才向馬雲攤牌：他們要馬雲和他們一起合作，欺騙中國方面，詐取錢財。

原來這是一家騙子公司。

等馬雲恍然大悟的時候，為時已晚。身處異國的馬雲被軟禁了起來，如果不答應合作，就會面臨生命危險。

僵持了幾天之後，馬雲假意答應合作，這才換取了自由。為了能夠回國，馬雲藉口要回國考察一些其他的項目。那時對於中國來說，「互聯網」還是個陌生的名詞，但馬雲在美國這些日子，多多少少對這個高科技名詞有了些瞭解，所以，他對美國公司的老闆談起了要在中國發展互聯網行業，就這樣，馬雲被「放行」了。

在機場，馬雲沒錢買機票。正一籌莫展的時候，他看到了候機廳裡的老虎機。他把全部身家——廿五美分都投了進去，終於在最後一次贏得了六百美元。抱著這六百美元，馬雲看到了回國的希望。

但就在他排隊買票的時候，心裡漸漸感到不是滋味起來。帶著杭州人民的希望來到美國，卻這樣狼狽地回去，實在太不甘心了。馬雲越想越窩火，他乾脆走出買票的隊伍，重新思考起下一步的計畫來。

忽然之間，他腦海中閃現出他為了脫身而找的藉口。互聯網這個新奇的事物，馬雲知曉得甚少，但他在國內的時候，曾聽一個外教同事提過自己的女婿在西雅圖和人合夥搞互聯網。

既然來了，就不能輕易回去。

馬雲扛起行李，踏上了前往西雅圖的路程。雖然互聯網是一個陌生的概念，但馬雲憑著天生敏銳的嗅覺，知道這一定是能夠給他帶來改變與轉機的事物。

是的，很多時候我們在面對困難時，只要再堅持那麼一點點就能取得成功。但是就是差這麼一步，結果卻截然不同。生活中的那些失敗者，很多都會停滯在離成功還有那麼一點點距離的地方，可是那個地方仍然叫作失敗。

因此，我們在任何情況下都不能放棄，在任何情況下都要有一股不達目的決不甘休的韌勁兒。只有堅定地走自己的路，只有耐得住寂寞、耐得住打擊，才能炫出精彩人生。

永不放棄是所有成功者必備的特質，因為成功的人總是對生活抱有希望，他們堅信只要不放棄，不停止追求，還是有成功的機會的，而一旦放棄了，就不會再有成功的可能。

# 3 失敗有點兒狠，也有點兒酸

「我認為，等你什麼時候能看別人慘敗的經驗，看得一身冷汗，你就離成功不遠了。」

——馬雲

成功者和失敗者非常重要的一個區別就是，失敗者總是把挫折當成失敗，每次挫折都能夠深深打擊他爭取勝利的勇氣；成功者則是從不言敗。

有這麼一個年輕人，二十歲時大學畢業，由於各種原因，在應聘過程中先後被三十多家公司拒絕。找不到工作、心灰意懶的他決定改當員警，因為當時憑藉大學生的身分考進警務部門是一件相對容易的事。但是在入圍面試的五個人中，他成了唯一被淘汰的那一個。這個年輕人便想自己是不是應該從基層做起，先從事一些最基礎的工作來磨煉自己，但當他來到杭州的一家賓館想做服務員的時候，還是被刷了下來。

後來，這個年輕人又和其他廿三個人一起到杭州的肯德基應聘，結果在廿三個錄取名單中，唯獨缺少的還是他的名字。這個總與失敗結緣的年輕人就是馬雲，也就是現在中國的「互聯網大亨」。即便是日後成功的他，在互聯網領域，也是不斷經歷著失敗的磨煉。

一九九六年，馬雲開始推廣他的「中國黃頁」，這是他開辦互聯網公司後第一次失敗。當時的中國，互聯網的普及範圍很小，馬雲所做的努力被人稱為「騙人的勾當」，但馬雲仍然像瘋子一樣不屈不撓，出門必與人侃互聯網，不斷說服客户。就這樣，馬雲的業務艱難地開展了起來。

一九九六年三月，馬雲再次遭遇慘敗。由於他的「海博」與杭州電信的競爭實力相差懸殊，馬雲不得不接受與杭州電信合作，致使馬雲的「中國黃頁」資產被折價，僅占百分之三十股份。沒多久，馬雲又一次失敗了。由於經營理念不同，馬雲和杭州電信分道揚鑣，他無奈放棄了「中國黃頁」，並將自己在「中國黃頁」所擁有的百分之廿一的股份，全數送給了一起創業的員工。

就這樣到了二〇〇三年，馬雲在經歷了數不清的失敗之後，他終於在互聯網領域取得了自己的成功。從二〇〇三年開始，馬雲先後創辦了阿里巴巴、淘寶網、支付寶、阿里媽媽、天貓、一淘網、阿里雲等國內電子商務知名品牌。馬雲也曾歷任多家公司的重要角色，其中包括阿里巴巴集團董事局主席、軟銀集團董事、中國雅虎董事局主席等。在經歷足夠多的失敗以後，馬雲終於守得雲開見月明，取得了成功。

人們常說「一滴汗水就有一份收穫」，同樣，失敗也代表著我們正在前進。不要在失敗面前變得懦弱，要在失敗中學會堅強、自信。失敗在我們眼裡應該是成功的階梯，因為我們可以在失敗中知道自己哪裡有錯誤，然後去改正。

從商學院畢業的希爾，找了一個速記員兼簿記員的工作。剛剛走出學校大門的他遵照「付出多於報酬」的原則，把自己主要的精力用於工作，取得了老闆的信任，因此他晉升得很快，銀行也有了存款。就在希爾對自己的未來充滿信心的時候，他的老闆突然宣佈破產，希爾也因此失業了。很快，希爾在一家木材廠找到了一份工作，他的職務是銷售經理。雖說希爾對於木材所知甚少，但是第一次工作的經驗讓希爾對這份工作也同樣充滿了信心，他相信自己一樣可以做得很好。為了做得出色，希爾從來都是主動做事，從來不用老闆安排。希爾在新公司取得了不錯的成績。

但生活總是處處充滿了危機，就在希爾的第二份工作開始穩定並穩步發展時，一九〇七年的美國金融危機襲擊了很多商家和銀行，希爾一夜之間「破產」了，大恐慌奪走了他在銀行的每一分存款。

萬般無奈下的希爾又找到了第三份工作——汽車推銷員。做銷售經理時，希爾積累了豐富的銷售經驗，這下有了用武之地。再加上希爾一貫以「付出多於報酬」為信條，在他的努力下，銷售業績突飛猛進。在工廠站穩腳跟的希爾，在汽車廠開設了一個把一般工人訓練成為汽車裝配與修理工的培訓部，這個培訓部很紅火，希爾又一次接近成功的彼岸。

後來希爾的個人奮鬥史受到了銀行的關注，銀行經理毫不猶豫地把錢借給希爾發展事業。這位銀行經理不斷借錢給希爾，直到希爾無力償還，然後銀行經理接手了希爾的事業。希爾再一次成了窮光蛋。後來在家人的幫助下，希爾成了一家大煤礦公司的首席法律顧問。但是希爾很快就辭掉了工作，因為這對希爾來說太沒有挑戰性了，穩定的生活讓他和挑戰越來越遠，他漸漸開始看不到自己的潛力了，所以他重新做了一個選擇，選擇去芝加哥重新開始他的事業。

希爾在芝加哥很快就找到了一份工作，在一所大規模的函授學校擔任廣告部經理。但是希爾對廣告瞭解甚少，由於之前有過推銷的經驗，再加上希爾運用「付出多於報酬」的原則，很快希爾就東山再起嶄露頭角。

之後希爾和一個合夥人開始合夥生產糖果，他們組建了貝絲・洛絲糖果公司，希爾是第一任總裁。他們的生意越來越好。

就在希爾感覺自己就要成功時，另外兩個合夥人企圖吃掉希爾在公司的股份，於是他們捏造莫須有的罪名，使希爾被捕，並提出要想讓他們撤銷上訴，就必須把股份讓給他們。

第一次清楚人性虛偽的希爾，並沒有報復他們，而是原諒了他們對自己的傷害。

第一次世界大戰結束之日，站在窗口的希爾開始回顧自己二十多年來的人生，寫成了《希爾黃金法則》，並最終出版。

試想如果沒有獲得這麼多失敗的經驗，希爾怎麼能夠成為一個著名的暢銷書作家呢？這些都是他所經歷的挫敗和失誤帶給他的經驗和智慧，都是他人生寶貴的財富。

因為經歷過太多失敗，所以他比別人更能領悟到對在哪裡，成功在哪裡，怎樣才能成功，成功的智慧是什麼，法寶是什麼，所以他成功了。

人生就好像是在跳舞，一個舞點兒踩對了，後邊的點兒才有可能順利踩對。但是若放棄了糾正這一步的錯誤，後邊的舞步就全亂了。所以有的人能趕上點兒，有的人卻始終趕不上，原因就在於是選擇堅持還是選擇放棄。

也許我們每人內心都有一種堅持的信念，我們要做的就是把它挖掘出來，這樣才能在無數次失敗後越挫越勇。也許這些失敗有點狠也有點酸，但這對我們的成長是大有益處。所以，屢次失敗而心灰意懶的人們，咱們應該振作精神，將失敗化作拚搏的動力，相信只要不氣餒，總能夠獲得成功。

# 4 即使失敗了，也要拒絕藉口

「那時候知道有一點是肯定的，那就是我失敗的機率很大，但是我跟自己講了這句話，即使我失敗了，我回到大學教那些失敗的經歷，我還是最好的老師。」

——馬雲

生活中，誰都可能遇到困難，遇到一些難以輕鬆跨過的坎兒。有的人習慣於面對困難想辦法克服，絞盡腦汁也要找到解決的辦法。而有的人則習慣於尋找藉口。但藉口只能讓人逃避一時，不能讓人如意一世，結果，他為自己找到了藉口，卻失去了別人的信任。

失敗者整天把時間花在找藉口上，為此他失敗了；而成功者則相反，他們把大部分時間花在如何才能成功上，一直在不斷地尋找成功的方法，所以他成功了。

其實失敗本身並不可怕，可怕的是失敗得沒有價值。一個人雖然失敗了，但如果他能總結失敗的教訓，知道自己為什麼失敗，從失敗中尋找出成功的方法，那麼，失敗對他來說就是無價之寶，比成功的經驗還重要。

馬雲從來都不喜歡看講成功的書，他只看講失敗的，從失敗中分析怎麼去做，從成功中去反思。羅馬哲學家席內卡說：「你若是一個人，就應該崇拜那些嘗試過偉大事業的人；即使他們失敗了，也值得讚美。」任何人都會遭遇或大或小的失敗，有的時候，不能夠只以成敗論英雄。

美國成功學家格蘭特納說過這樣一段話：「如果你有自己繫鞋帶的能力，你就有上天摘星的機會！讓我們改變對藉口的態度，把尋找藉口的時間和精力用到努力工作中來。因為工作中沒有藉口，人生中沒有藉口，失敗中沒有藉口，成功也不屬於那些尋找藉口的人。」面對困難和挑戰，你習慣找藉口還是習慣找方法，決定了之後能否成功。成功者千方百計，失敗者千難萬難。一個人，如果只會找藉口的話，那這個人是一個永遠不會成功的人。

上帝對每個人都是公平的，雖然福勒家境不好，但是他卻有一個偉大的媽媽。一天，媽媽對福勒說：「福勒，我們不應該貧窮。我不願聽到你說，我們的貧窮是上帝的意願。我們的貧窮不是上帝的緣故，而是因為你的父親從來就沒有過致富的願望。我們家中的任何人都沒有產生過出人頭地的想法。」

媽媽的一席話讓福勒受益匪淺，甚至可以說是改變了他的一生，讓他徹底擺脫家庭貧窮的陰影，走向了一條成功之路。

媽媽告訴他不是因為上帝沒有眷顧他們，而是因為福勒的父親從來就沒有致富的想法。於是，「我要致富」的想法深深地植根於他的內心，從此以後，他不再抱怨上帝，他覺得是自己沒有努力。他記住「我要致富」的理想，只為了這個堅定的信念，他開始了艱辛而又坎坷的追夢之路。

一開始，為了以後經商和致富能有更多的經驗，他在零售百貨店裡當了三年推銷員，從小夥計開始做起。在當推銷員的三年裡，他不斷地去調查和瞭解市場，看看哪些商品最暢銷，消費者習慣買什麼樣的商品，在調查的過程中，他還結識了很多顧客。就這樣，他開始決定自己創業，並把肥皂作為經營的產品。

另一段旅程又要開始了，他拿著肥皂挨家挨户地進行推銷。期間，吃了不少的「閉門羹」，也受到很多的謾罵和諷刺，但是在困難面前，他仍然沒有退縮，遇見問題就想著怎麼解決，沒有抱怨，沒有尋找藉口，就這樣，轉眼間十幾年過去了，雖然家裡的生活一天天改善，但他並沒有想停止的意思。他想獲得更大的成功。

功夫不負有心人。一次，他聽說有一個供應肥皂的公司想要出售，他們的出價是十五萬美元。在這麼多年的推銷生涯中，他才攢了二點五萬美元，可是他非常想買下這個公司。資金不夠怎麼辦？而且還差很多，他想了一下：「也許憑藉自己這麼多年推銷中認識的客户和朋友，向他們借點應該可以，況且自己又贏得了不少客户的信任和讚賞。」於是，他開始行動起來，他親自上門向這些客户求取貸款，同時靠自己的朋友支援。在幾天時間裡，他籌集到了十萬美元，還差兩萬多美元就可以達到目標了。他心急如焚，實在想不出什麼辦法了。望著窗外的夜景，他沉默了。最後的兩萬多美元怎麼辦？他看著看著，突然發現，透過窗子，可以看到一束光，那裡正是六十一號大街一幢大樓的一間辦公室。他想這個人一定還在辦公室，要不然找他借兩萬美元？沒時間考慮了，他立即起身去了那間辦公室。

他徑直走向辦公室，敲門之後才發現這是一個承包商事務所，裡面確實有一位疲憊不堪的人在辦公。福勒很勇敢地向那位疲憊不堪的人表明自己的來意，然後直截了當地問道：「你想賺一千美元嗎？」令他驚喜的是，雙方很快達成了協定。

福勒興奮極了，他終於按時拿到收購肥皂公司的合約了。很快，在他的經營下，公司迅速壯大。而後，福勒一鼓作氣收購了七家公司，包括四個化妝品公司、一個襪子公司、一個標籤公司和一家報社，擁有了股份和控制權。母親的希望和福勒的夢想變成了現實！

每個不凡的人一定有著常人難以比擬的堅強和勇敢，不管你面前是怎樣的困難，你都應該知道拚搏後總不會比現在的境遇更差。

當人們陷於某種困境時，周圍的一切似乎都與自己為敵，這個時候，若是一味躲避，解決不了任何問題，反正也沒有什麼可失去的，還不如努力想想怎樣扭轉現狀實在。強者和弱者的分別正在於此。一個有勇氣直面困難的人才算是勇者，才會成為強者；一個只會躲避的人永遠都無法超越自己，更得不到理想中的成功。

失敗者之所以失敗，就在於他們面對困難總是千方百計地找藉口，而不是找方法。藉口就是一個推卸責任、掩飾弱點的「萬能器」，如果你總是把寶貴的時間和精力放在如何尋找藉口上，那麼你就會忘記自己的義務和責任；藉口還是一張敷衍別人、原諒自己的「擋箭牌」，它會扼殺你的創新精神，讓你從此變得消極頹廢；藉口更是鴉片，讓你一而再、再而三地去品嘗它，它會逐漸地讓你變得心虛、懶惰，遇到困難就退縮，最終毀滅你的自制力，使你變得墮落、喪失自信、無法成功。

# 5 有重要項目，就派失敗過的人上去

「阿里巴巴最大的財富不是我們取得了什麼成績，而是我們經歷了這麼多失敗，犯了這麼多錯誤，我說阿里巴巴一定要寫一本書，講阿里巴巴曾經犯的錯誤。這些錯誤，你聽了會笑著說，那時候（我）也犯過。所以，有一天如果有重要項目就不要派常勝將軍上去，要派失敗過的人上去。失敗過的人，會把握每一次機會。」

——馬雲

失敗的滋味是苦澀的，但它所包含的道理卻是甘甜的。失敗與成功各有各的價值，而在大多數的情況下，失敗經歷的價值還要更大一些。因為成功了，一般人會疏於思索，易於自滿；而失敗則會逼著他們去思考，逼著他們去面對挑戰，總結經驗，跨過困難與失敗，從而攀上成功的頂峰。

一九九九年，馬雲遭逢人生的第二次失敗，就在丁磊帶著網易北上的那天，馬雲卻帶著自己的隊伍南下回了杭州。

當馬雲離開「中國黃頁」時，對外貿易經濟合作部對馬雲說：「到北京來吧，來這兒你能幹得更好！」就這樣，馬雲帶了五個年輕人到了北京。馬雲在北京租了一個不到二十平方米的小房間，沒日沒夜地幹活兒，給外經貿部做網站，讓外經貿部成為了中國第一個上網的部級單位。

馬雲當時做得不錯，外經貿部另立一家公司——ＥＤＩ（中國國際電子商務）中心，由馬雲組建、管理，馬雲占百分之三十的股份，外經貿部占百分之七十的股份。但實際上，馬雲一個月就幾千元的工資，其他什麼也沒有。

時間一長，馬雲發現在政府的編制裡很難做，存在著許多的問題。當時人們都說馬雲與外經貿部的合作是中國的「夢之隊」，但事實上是怎麼回事誰也不清楚。怎麼辦？馬雲天天思量。留在北京嗎？機會倒是有，比如新浪和雅虎都希望馬雲去加盟。但馬雲發現北京的網路太浮躁，在這裡面很難做成一件事。還在企業裡面嗎？可馬雲已經受夠了。馬雲還覺得中國的網路形勢已經開始發生變化，全世界互聯網高潮馬上就要到來，留在政府裡對不起這千載難逢的良機。想來想去，馬雲最終決定南下。

當時馬雲只是認為電子商務的主要聚集地不應靠近資訊中心，而應靠近企業中心，沒想到這一決定使阿里巴巴得以躲過後來的血雨腥風。

當年互聯網經濟處於最低潮時，《ＩＴ時代週刊》這樣描述了阿里巴巴的脫穎而出：過去兩年，北京的互聯網企業就像電梯從天堂一層層地下落到地獄，幾乎沒有一個互聯網英雄能夠脫離集體瘋狂，也沒有一個能夠逃離瘋狂後的災難。而依託於杭州的阿里巴巴，如今已無可爭議地成為中國最好的Ｂ２Ｂ電子商務企業。

阿里巴巴創立之初，正是互聯網泡沫盛行之時，在巨大的利益面前，阿里巴巴也有些迷失方向，開始急速擴張，以至於在互聯網泡沫破裂後，他們不得不進行裁員。

到了二〇〇二年，阿里巴巴的資金鏈出現了問題，所擁有的資金只夠維持十八個月。當時，阿里巴巴網站的許多使用者都在免費使用服務，並沒有什麼贏利能力。而馬雲等阿里巴巴的高層也不知道該如何獲利。正巧那時候，他們開發了一款產品，為中國的出口商和美國的買家牽線，正是這項業務拯救了阿里巴巴。

到二〇〇二年年底，阿里巴巴終於實現了贏利，跨過了盈虧平衡點。自那以後，公司的經營業績每年都在提高。

英國文學家蕭伯納說：「一個嘗試錯誤的人生，不但比無所事事的人生更榮耀，並且更有意義。」一個人的成長過程，本身就是一個不斷在失敗中尋找與把握機會的過程，沒有失敗就無所謂成功，就像腐朽的土壤中可以生長鮮活的植物那樣。只有當我們能夠以平和的心態面對失敗時，我們才能夠成熟，才能收穫。而那些失敗的經歷，也將成為我們生命中的一筆財富。

# 6 輕信別人，這就是你失敗的開始

「最大的失敗是放棄，最大的敵人是自己，最大的對手是時間。」

——馬雲

面對質疑，有些人選擇了妥協、打退堂鼓，最終成功也和他們無緣；另一些人則選擇了無視，他們堅持做自己認為對的事情，成了最後的成功者。要想成功，不僅要經歷失敗與挫折，還要體驗孤獨、沮喪和折磨。只有經受過痛苦考驗的人，才有獲得最後成功的資格。請堅持自己的目標與信念吧，不要害怕別人的質疑，要時刻記住，當別人開始說你是瘋子的時候，你可能就離成功不遠了。

馬雲在三亞香格里拉和鄉村教師分享經驗的時候，有一個老師講到了，現在老師不受人尊重，很多地方看不起老師，對教師有誤解。他感覺很痛苦，堅持不住。馬雲這樣對他說：

「其實這個天下沒有一個職業不會被人指責，無非你希望這個職業好或者不好，你自己對自己要有尊重，只有你真正愛這個工作的時候，其實你是不太在乎別人怎麼看的。當老闆有錢了，也被人罵，當領導了，當政府官員了，也被人罵，當科學家也被人罵，關鍵你要聽的是罵的人，還是關心那些欣賞你的人。」

馬雲強調說：「要做任何行業、任何一個職業，都會有人批，我以前當老師的時候，我特看不起商人，我覺得商人不就是掙點錢嗎，唯利是圖。但是我做了十幾年，一九九五年到現在，也快二十年了，二十年創業的經驗告訴我，當商人真不容易，我現在自己作為一個商人特別驕傲，當然我當老師的時候，我也特別以自己為驕傲。」

也許生活中大多數人在大多數時候都會不由自主地去相信別人的意見，放棄了自己的想法。我們應該像馬雲一樣，不管在怎樣的情況下，都堅持自我，向著自己認為正確的方向走。

有一個大學生，畢業後並沒有去應聘在外人看來非常有前途的職業，而是回到了家鄉，做起了收廢品的工作。

他騎著三輪車走街串巷，挨家挨户地收著廢品。人們時不時地可以見他在垃圾堆裡撿拾垃圾。人們嘲笑他，他並不介意，說：「垃圾不過是放錯了地方的寶物。」他忠於自己的選擇，熱愛這份職業，因為，他有他的理想、他的抱負。

誠然，大學生撿垃圾，這倒是一件稀奇事，因為稀奇，所以人們都照顧他，這倒給他帶來了大量的生意。

但他的舉動還是引起了一片質疑聲。在他所在的城市中，他成為了流言蜚語的主角，成為了人們茶餘飯後所談論的對象。

有人說：「有好好的工作不幹，卻去收垃圾，他簡直瘋了。」

有人說：「花了那麼多的學費，卻換來了一份在垃圾堆裡滾爬的工作，簡直玷污了大學生的名聲。」

有人說：「本來一個多麼優秀的人，看來就這樣在散漫中墮落了，在無為中荒廢了，實在是可惜啊。」

有不少人帶著自己的孩子從這個大學生身邊經過，便暗暗指著大學生教育自己的孩子，說：「要好好學習，做個有出息的人，找個有出息的工作，不能像他這樣，自毀一生。」

這個大學生，已然成為了家長教育孩子的反面人物，但他並沒有抱怨什麼，也沒有自卑，依舊腳踏實地去做，更加樂觀地面對人生、面對未來。

不久以後，他用自己收廢品所賺來的積蓄買了一輛汽車，開了一家廢品收購站。他不再為收廢品而奔波，而是有更多走街串巷收廢品的人將廢品送到了他這裡。因為廢品太多，一個人忙不過來，他招了幾個員工，成為了老闆。

有時候，他開著汽車從大街小巷中經過，人們見了，不禁發出了這樣的疑問：「一個撿垃圾的人也可以開上自己的汽車嗎？」緊接著，人們又相互發出了這樣的感慨：「一個撿垃圾的人，即使開上了汽車，又有什麼好神氣的？」

但他並不在意別人的眼光，因為，他自有他的過去、現在與未來，這是別人無法干預的。

又不久以後，他又開了一家廢品收購站，又添了幾個員工。接著，又開了一家，又添了幾個員工。轉眼間，十年過去了，這個城市的每個地區都有他的廢品收購站，都有他的員工。

他，一個曾經落魄的大學生，一個備受嗤笑的無能者，現在已成為一個大老闆。

這時，他開著豪華轎車穿梭在大街小巷中，人們見了，恍然發現，這正是他們所羨慕的人生。於是，人們一改往昔的態度，紛紛讚歎道：「看人家大學生過得多麼富有、多麼瀟灑、多麼體面、多麼成功！」

這時的家長再次教育自己的孩子時，說道：「你要成為像那個大學生這樣有出息的人。」

有一次，一位記者在採訪他時，問：「是什麼力量支持著你直到成功的那一刻？」

這個大學生說：「是信念，不論你選擇做什麼，只要堅持去做，大膽去做，直到做到了最好，那麼，你就成功了。」

每個人都是一隻水晶球，晶瑩閃爍，然而一旦受到他人的非議：「你不夠閃爍，你不夠漂亮！」有的人或許就會讓自己在黑夜中悄悄消殞，但是，欣賞和肯定自己的人不會因此而放棄光芒，而是抓住機會，將世界上五顏六色的光折射到自己生命的各個角落。

心理學大師馬斯洛將人的需要分為五個層次，最低層次是生活保障，即要吃飽穿暖，最高的層次是得到他人的認可與尊重。每個人都希望得到他人的認可與尊重，期望得到榮譽，因為它們可以令人精神上受到很大的鼓舞。但是，在很多時候，刻意想去得到他人認可的人往往並不是那些最終能取得成功的人。

很多原本有先天優勢的人，因為在相信他人的時候放棄了自己，最後落得一敗塗地。這些人就是因為太過在意別人的看法，沒有主見，最後陷入了窘境。

# 7 每一個低谷都是崛起的最好機會

「嗅不到冬天味道的ＣＥＯ不是合格的ＣＥＯ。」

——馬雲

每一個低谷都是人生中最珍貴的經歷和寶藏。你不能改變人生，但你能改變自己，擁有正確的態度，掌握正確的方法，帶著自信與力量上路吧。

只有在經歷了人生的跌宕起伏之後，仍能保持自我的力量與智慧，仍能守住生活的平衡，你才真正擁有了希望、快樂、力量和寧靜。

支付寶總裁邵曉鋒依舊記得馬雲這句話：「嗅不到冬天味道的ＣＥＯ不是合格的ＣＥＯ。」這便是說，馬雲能知道自己的低谷期，並且能保持沉著冷靜地渡過這個低谷，因為他已經渡過了太多太多的「冬天」。

上市後不久，阿里巴巴副總裁衛哲幾次接到馬雲的電話，「出什麼事了？今天股票怎麼跌這麼多？」三個月後，馬雲再沒問過股價的事。衛哲忍不住問馬雲是不是應該採取點措施。馬雲眉角一挑，說道：「你再仔細考慮一下，這家公司你是做一年還是要做幾十年？」

阿里巴巴股價從最高的四一點八港元一度跌到最低的三點四六港元，很多人翹首期盼，等馬雲做出回應，其中既有投資者，也不乏競爭對手，甚至有小股東寫信給他，要求他回購股票以提振股價。但馬雲絲毫不為所動，以冷靜的心態挺過了「冬天」，最終迎來了春天——阿里巴巴的股價恢復了正常。

這件事過去後，馬雲在東京演講時還自我調侃。「阿里巴巴忽地從十三港元漲到四十港元，但是我們也沒做對什麼事情。」馬雲用手上下比畫道，「『嗖』地又掉到四港元，我們也沒有一件事做錯了。」台下哄堂大笑。馬雲還說，「我們如果對後輩講，阿里巴巴的股價曾經掉到了三港元，也許我們的後輩根本無法相信吧。」

如馬雲一樣的成功者都經歷過黑夜，每位成功者在追求目標的道路上，都曾在失敗的黑夜中飽嘗煎熬。他們或被拒絕，或被輕視，或被排擠，他們努力一次又一次地睜大眼睛，卻只能看到黑暗，看不到半點成功的曙光。然而這些成功者都沒有消沉，而是堅定地度過了漫漫長夜，最終迎來了黎明。

失敗是和成功相伴的，沒有失敗，人們就品嘗不到成功的味道。然而失敗也和痛苦相伴，這才是人們所不能接受的。實際上，失敗並沒有想像中那樣可怕，如果你過度沉溺於失敗帶來的痛苦和挫敗，那麼你就永遠找不到前進的方向。

失敗並不意味著一無所有，它也可以看作是人生的一個警示牌，通過失敗總結經驗教訓，改變對策，重整旗鼓，才能以更好的姿態擁抱成功。在失敗中善於做一個「淘金者」，才能找到自己真正需要的東西。

# [第七章]

# 人生是體育比賽，要學會競爭與合作

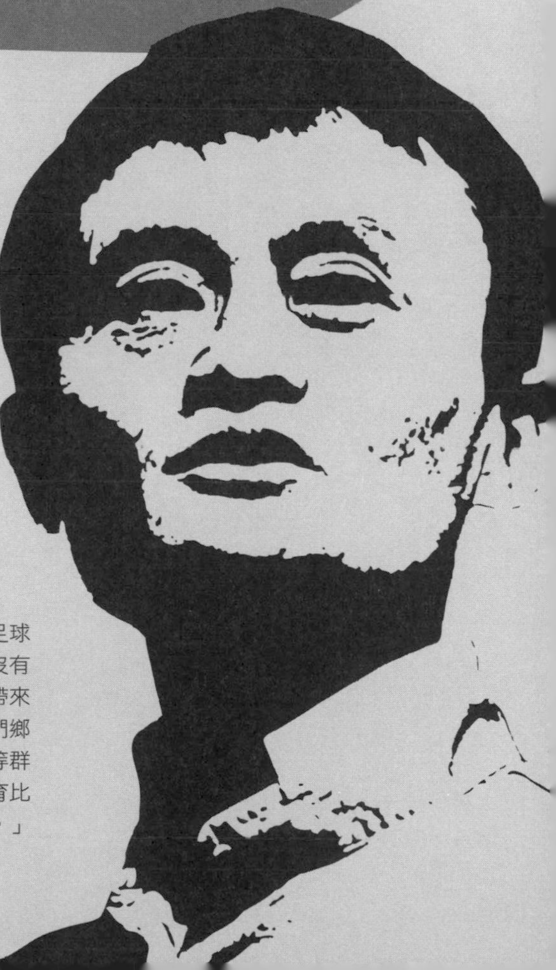

馬雲：「人家說『你為什麼對足球那麼感興趣？』我對足球本身沒有興趣，但是足球對於中國未來帶來的東西是非常重要的。今天我們鄉村的孩子們，也對足球、籃球等群體運動極其重要。人生就是體育比賽，只有不停地競爭才會成長。」

# 1 越競爭，越進步

「金庸小說裡講到有些頂尖高手是寂寞的，如獨孤求敗。以前看，我覺得不能理解。現在我明白了，沒有對手，就沒有發展的動力，沒有創新的源泉。」

——馬雲

激烈的競爭在當代社會隨處可見，每一個人都難免會遇到對手，面臨競爭的挑戰、利益上的你追我趕、榮譽面前的你爭我搶。此時，大多數人內心的平衡被打破，會對競爭對手產生怨恨、畏懼、逃避等消極心理。

事實上，這是一種非常狹隘的思維方式。這是因為，競爭所給予我們的，不僅僅是危機和鬥爭，它還是一劑強心針，一部推進器，一個加力擋，是能夠激發我們求生和求勝之心的動力。

阿里巴巴從創業時的小規模開始，不斷和各種對手競爭，不斷迎接各種挑戰。力量小的時候，它和國內的同行競爭，在艱難的環境中存活下來，並且日益壯大。後來阿里巴巴成立了淘寶網，說白了就是要和eBay、雅虎等國際巨頭競爭，當時很多人都認為馬雲腦子不夠清醒，因為eBay是當時世界最大的電子商務公司，市值七億美元，淘寶和它鬥無疑是雞蛋碰石頭，蚍蜉撼大樹。可是淘寶還是誕生了，雖然一開始eBay公司似乎完全看不見淘寶，但是淘寶很快便使用了免費的「殺招」，馬雲下令三年免收服務費。這一舉動被eBay看成是傻瓜舉動，它認為雙方的戰鬥將在十八個月內結束。可是淘寶利用這一舉措很快就突破了eBay的封鎖，並且迅速壯大起來，最終一舉超越eBay。

經過幾年的ＰＫ（對決），那些曾經最大的競爭對手都被阿里巴巴征服了，雅虎中國被阿里巴巴收購，eBay則被淘寶遠遠甩在了身後。馬雲曾經自豪地說：「望遠鏡裡找不到對手。」儘管很多對手不服氣。事實就是這樣，阿里巴巴已經一騎絕塵了，至少在國內市場是這樣。但是馬雲認為自己並沒有到鬆口氣的時候，他覺得阿里巴巴應該繼續和別人競爭，不能重蹈eBay公司的覆轍，所以阿里巴巴還要繼續在ＰＫ中成長。

說到競爭，很多年以前，阿里巴巴就有上市計畫了，那麼為什麼要上市？為什麼要走向國際呢？阿里巴巴就是要勇敢地接受其他電子商務巨頭的挑戰，就是要和國際上各種對手掰手腕，這樣才能夠進一步提高自己，才能夠更好地生存下去。

馬雲長期以來都在替阿里巴巴尋找對手，因為他明白想要獲得生存和發展，最好、最直接的方法就是和對手競爭，就是在競爭中提高自己的適應能力、應變能力。就像一個表演者一樣，如果他害怕站到舞台上，害怕和其他人演對手戲，害怕接受別人的挑戰，那麼他就永遠也上不了檯面，永遠也成不了舞台上的主角。

為了吸引更多的遊客，動物園從遙遠的美洲引進了一隻劍齒豹。據說，這種劍齒豹非常的勇敢凶悍，牠們一天能夠捕捉三隻羚羊，而其他的美洲豹再努力，一天也就只能捕捉一隻羚羊。

為了能夠讓這個「遠方貴客」吃好玩好，動物園的管理員們每天都會為劍齒豹準備精美的飯食，還特意開闢了一個不小的場地供牠活動。可這麼好的生活條件，劍齒豹不但不感興趣，還始終悶悶不樂，整天無精打采。

動物園的管理員以為，可能是劍齒豹對新環境不大適應，過一段時間就好了。誰知道兩個月後，劍齒豹還是老樣子，牠甚至連飯菜都不吃了，奄奄一息。這下園長可著急了，連忙請來獸醫多方診治，可是沒發現劍齒豹有任何毛病。

就在這時有人提議，不如在劍齒豹生活的領域放幾隻老虎，或許能讓劍齒豹打起精神來。原來人們無意間發現，每當有運送老虎的車輛經過時，劍齒豹就會站起來怒目相向，嚴陣以待。這個辦法果然很有效，劍齒豹很快就恢復了往日的活力。

從這個故事中，我們得知大自然的法則是「物競天擇，適者生存」。沒有競爭，就沒有發展；沒有對手，自己就不會強大。正是競爭的存在，推動了我們的前進；正是對手的存在，催化了我們的成功。

的確，一個人如果沒有對手，自己又缺乏上進心，那他就會甘於平庸，養成惰性，最終庸碌無為；一個群體如果沒有競爭對手，就會喪失活力，喪失生機；一個行業如果沒有了對手，喪失了競爭的意志，就會因為安於現狀而逐步走向衰亡。

有人說：「對手永遠是自己的一面鏡子。」因此想要超越自己，就要先和鏡子中的那個對手相較量，不去和對手競爭，永遠不知道自己的實力有多大，不知道對手的實力有多大，也不知道社會競爭的強度有多大。所以一個人、一個企業只有在社會大環境中和別人競爭，只有懂得接受各種挑戰，才能夠試一試社會的深淺，才能夠幫助自己更好地成長壯大起來。

阿爾是一位摔跤運動員，他十分熱愛摔跤，卻不敢去參加比賽，他害怕被人打倒在地。每當他在電視上看到，擂台上摔跤運動員為了爭冠軍摔得鼻青臉腫時，他就更加不敢上台比賽。

阿爾的師父曾經是一位非常厲害的摔跤運動員，退役後做了教練。師父看出阿爾在摔跤運動上很有天分，一定可以成為摔跤界的明星。但是，阿爾不敢上台接受挑戰，讓師父十分頭疼，他想盡了各種辦法，鼓勵阿爾上台，但阿爾就是不肯。眼看阿爾的年紀一天比一天大，卻還沒有參加過正式的摔跤比賽，師父看在眼裡，急在心上。

但阿爾就是克服不了心中對競爭的恐懼，雖然他也嚮往在擂台上打倒對手的成就感，但一想到被打倒的可能是自己，就無法上台。師父不允許他繼續逃避下去，強行將阿爾帶到了比賽擂台上。

站在擂台上，看到強壯有經驗的對手，阿爾十分緊張，他很快就被打倒在地。無論師父在一旁怎麼鼓勁，他都爬不起來。雖然阿爾被打得很慘，但師父還是帶他上擂台，阿爾一次又一次被打倒，一次又一次登上擂台。

終於有一天，他開始能夠擊倒對手了，他擊倒對手的次數越來越多，比他被打倒的次數多了起來。在被打倒和打倒對手的過程中，阿爾蛻變成了一個厲害的摔跤手。在一次比賽中贏得冠軍後，阿爾對師父說：「只有被狠狠打倒過，才能絕地反擊。」師父欣慰地笑了。

我們不應該消極地排斥對手，而應該積極地面對對手，主動參與到競爭中去。此時，對手會促使我們不能退縮、不能鬆懈，時刻保持無窮的動力，我們必然能激發出自己最大的潛力，進而彰顯出最優秀的自己！

馬雲無疑是一個敢於競爭的企業家，阿里巴巴在他的帶領下，在競爭的浪潮中越磨礪越厲害，最終蛻化成蝶。當然，競爭也不是一味地拚財力、拚實力，有些時候也需要拚膽識、拚智慧。在競爭比拚的過程中，難免會受傷遇挫，但這些磨難正是助你成長的東西，只有經歷過這些，你才能成長得更加茁壯。

對此，馬雲形象地比喻道：「就像武俠小說裡所描寫的，一個有資質的人才總會在一次又一次的比武中得到一些非同尋常的頓悟，進而功力大增。」

由此可見，對於一個想幹出一番事業的人來說，他們會將競爭當作自己不斷努力的動力，無所畏懼地參與競爭，積極地迎接對手的挑戰。也正因為如此，他們才能不斷地成長和強大，為成功打好堅實的基礎。

總之，競爭是一劑強心針，一部推進器，一個加力擋。面對競爭對手時，最好的做法就是相信自己，敢於迎接挑戰、積極備戰。唯有如此，我們才能不斷得到進步和成長，生命也才會更精彩。信守這個道理，你就會是最大的贏家。

## 2 沒有對手的人是孤獨的

「碰上了競爭對手後，我不會為所謂的鬥爭感覺到累；相反，我在其中找到了樂趣。競爭是極其快樂的活動，只有競爭存在，企業才有發展和進步的動力及可能。如果沒有了競爭，很快，企業也將走向下坡路。在競爭的時候不能帶有情緒，要發自內心地感受快樂。」

——馬雲

當今社會，競爭無處不在，人們總會主動或被動地捲入競爭中。有人喜歡競爭，喜歡與對手一爭高下；有人討厭競爭，畏懼對手的挑戰，尤其是比自己強的對手。

有些人之所以害怕競爭對手，主要是害怕對手將自己打敗，將自己擠出舞台，逼退至不起眼的小角落。其實，競爭沒有什麼大不了，有競爭才會有進步和突破。很多時候，我們以為是對手將我們逼到無路可退，而實際上真正使我們陷入被動的正是我們自己。

日本北海道是著名旅遊地，這裡盛產味道鮮美珍奇的鰻魚，海邊的許多漁村都以捕撈鰻魚為生。但鰻魚的生命力很脆弱，一旦離開深海區，不過半日便會死去。

很多漁民在捕撈鰻魚返回岸邊後，因為不知道怎麼安置鰻魚，從而導致其全部死去。但很奇怪，有一位老漁民在每次捕撈完鰻魚返回岸邊後，鰻魚還總是活蹦亂跳的。由於鮮活的鰻魚價格要比死亡的鰻魚價格貴出一倍以上，所以幾年下來，其他漁民都只是維持溫飽，而那位老漁民卻成了遠近聞名的富翁。

老漁民在臨終之際，把使鰻魚不死的秘訣傳授給了兒子。原來，老漁民會在整倉的鰻魚中放進幾條叫狗魚的雜魚，狗魚和鰻魚是出了名的「死對頭」。幾條勢單力薄的狗魚遇到可怕的對手，便驚慌失措地在鰻魚堆裡到處亂竄，這樣一來，反倒把一船艙死氣沉沉的鰻魚給刺激活了。

這個故事說明了誰都需要對手。有了對手，才會有危機感，才會有競爭力，才能不被充滿競爭的社會淘汰。

馬雲二〇〇四年在成都網商論壇上的演講明確表達了對競爭對手的態度：「我一直認為如果沒有競爭對手是很孤獨的，阿里巴巴孤獨了五年，我們應該互相學習，商場競爭永遠不需要打口水仗。阿里巴巴尊重所有進入這個市場的競爭者。市場上競爭者越多，市場越大，機會越多。我給大家一個建議：要把競爭對手當作你的產品研究中心。我對阿里巴巴對手的態度是：尊重、欣賞、學習！」

二〇〇五年八月十一日，中國互聯網歷史上誕生了最大的一宗併購案。阿里巴巴（中國）網路技術有限公司正式宣佈收購雅虎中國所有業務，包括門戶網站、雅虎搜索、即時通信及拍賣業務等，同時還獲得雅虎十億美元投資，而雅虎則獲得新阿里巴巴百分之三十五的股份。

併購雅虎中國後，阿里巴巴將互聯網領域所有當紅的概念與業務集於一身，包括電子商務、門戶、搜索和即時通信。它對當時的中國互聯網業帶來的衝擊是空前的，成為了所有中國網路公司的競爭對手。在電子商務領域裡面，它遭遇了eBay這個全世界最強大的競爭對手；在搜索領域，它碰上了世界上發展速度最快的公司——Google公司和中國發展態勢迅猛的百度公司；在綜合領域，它被新浪、搜狐、網易等公司當成了競爭對手。

在強敵林立的情況下，馬雲卻很享受：競爭最大的價值，不是戰敗對手，而是發展自己，競爭者是你的磨刀石，把你越磨越快，越磨越亮。

馬雲對自己和團隊非常有信心，他曾說：「競爭是難免的，阿里巴巴從來不怕競爭，但是我覺得競爭的主要目的並不是為了打敗誰，也不是為了贏得誰，競爭的主要目的，是為中國真正做一個持續發展、世界一流的搜尋引擎，我相信憑藉雅虎的技術，憑藉阿里巴巴的管理團隊，特別是阿里巴巴擁有強大的客戶資源，我相信在搜尋引擎裡阿里巴巴一定能夠有所建樹。」

馬雲說：「在一個行業裡，一枝獨秀是不行的，也是危險的。中國的事情凡是三足鼎立才能使一個行業發展起來，至少做大三家才有錢賺。一個很好的例子是TOM（移動互聯網公司）進來了，三大門戶網站之間不打架了，為什麼？因為大家都成熟了，這個行業也漸漸成熟了。」

在Ｂ２Ｂ領域，阿里巴巴一直是孤獨的，對此馬雲既欣慰又遺憾。他積極併購雅虎，把阿里巴巴置於整個互聯網行業的競爭中心，他是自討沒趣嗎？不是，馬雲很清楚，有競爭才有發展。

年輕人在日常的工作生活中，應該學習馬雲對待競爭的這種態度。在日復一日的日子中，不妨給自己找些競爭對手，要知道競爭會給我們增加壓力，甚至讓我們產生焦慮，但另一方面，它可以激發我們的潛能，讓我們滿懷希望，朝氣蓬勃，對個人的發展是極其有利的。

# 3 橫衝直撞只有死路一條

「碰到一個強大的對手或者榜樣的時候，你應該做的不是去挑戰它，而是去彌補它，做它做不到的，去服務好它，先求生存，再求戰略，這是所有商家的基本規律，你還沒有站穩腳跟就去跟人家挑戰肯定是不行的，先生存再挑戰，這樣贏的機會就會越來越大。」

——馬雲

在這個社會上，競爭是難以避免的，這時最怕硬碰硬，硬碰硬的結果只有一個，那就是兩敗俱傷，尤其是面對強大的敵人，正面攻擊只會傷敵三分，自損七分，得不償失。這個時候，最好的方法是避重就輕、避實就虛，找到敵人的薄弱環節去壯大自己。

二〇〇三年，在很多大城市的公交車身上，能看到很多吸睛的美女廣告。這實際上是馬雲在與eBay之戰中，採取「農村包圍城市戰略」的結果。

當年，阿里巴巴花一億元打造淘寶，而eBay則宣佈將投放1億美元用於eBay的推廣。eBay利用自己強大的資金實力，買斷了幾乎所有主要大型網站的廣告，在合作協定中明確，這些網站不能再和淘寶合作。這樣一來，馬雲雖然抱著孫正義投資的滾滾白銀，卻花不出去。這對於處在上升期、急需網路流量的淘寶網來說，幾乎是被切斷了生機。

二〇〇三年，馬雲在淘寶全體員工大會上發表講話：「現在敵人已經採取行動，要將我們扼殺在搖籃裡，我們一定要想出其他的辦法。世界上不是只有一條路通向羅馬。古代兵書講戰鬥應『避實擊虛』，毛主席的『農村包圍城市』戰略與此如出一轍，又分明『青出於藍而勝於藍』。毛主席能想出農村包圍城市這樣創造性的軍事理論，我們也可以拿來用一用。eBay不是控制了大城市嗎？我們就到農村去，到敵人防守最薄弱的地方去壯大自己。」

馬雲制定的「農村包圍城市」戰略就是避開被eBay掌控的大型網站，轉而與大量小網站合作。國內小網站星羅棋佈、數量龐大，其整合難度是非常大的。淘寶並沒有被巨大的困難嚇倒，他一步步地整合中小網站的資源，一點點地推廣淘寶。沒想到，這個下下之策，竟然起到了非常好的效果，廣告效應甚至超過三大門戶。到二〇〇六年五月，淘寶佔據的市場份額已近百分之七十，eBay已無還手之力。

馬雲此舉，也是被逼無奈。但是，這一逼卻逼出了另一個天地，那就是垂直網站、論壇和個人網站的巨大傳播力。事實證明，這個「農村」根據地對淘寶貢獻巨大。在這次競爭中，馬雲巧妙運用毛主席的「農村包圍城市」的戰略，收到了非常好的效果。

馬雲的「農村包圍城市」戰略詮釋了以弱勝強的真理。商業競爭中，許多實力雄厚的大企業往往依仗其雄厚實力排擠弱小的中小企業；或是兩家實力相當的企業常常在一起爭個你死我活，最終兩者都被削弱，都得不著好處。這樣的情形，一味地硬碰硬的競爭，結果要麼是兩敗俱傷，要麼是弱的先倒下。

對於這樣的競爭，不但是與競爭對手旗鼓相當的企業不能爭，實力弱於對手的企業更是不能去爭。在這種競爭形勢下，不妨退後一步，避開鋒芒，向著競爭對手薄弱的環節下手。即在最主要的功能上投入遠比競爭對手多的優勢資源，而放棄其他的非戰略性功能，從而創造其他公司所不及的戰略優勢。

對於個人來講，這個道理同樣適用。面對強大的競爭對手，不要硬碰硬。人無完人，再強大的對手也有薄弱的地方，瞄準薄弱點，積蓄全身力量發起攻擊，一定能戰勝強大的敵人。

# 4 競爭的最高境界就是雙贏

「其實沒有對手也活得不簡單，這是一個生態系統，不是把獅子全滅掉了以後，羊群就活得很好，未必。所以我覺得我們今天阿里在做的不是一家公司，我們更像一個生態系統，在這個生態系統裡面，需要各色各樣的動物，各色各樣的植物，形成整個體系。」

——馬雲

「雙贏」強調的是雙方的利益兼顧，即所謂的「贏者不全贏，輸者不全輸」。多數人所謂的雙贏就是大家都有好處，至少不會變得更壞。「雙贏」模式是中國傳統文化中「和合」思想與西方市場競爭理念相結合的產物，而和諧與競爭的統一才是我們需要達到的最高境界。

馬雲對阿里巴巴的對手所持的態度是：尊重、欣賞、學習。他認為競爭是件好事，因為市場上的競爭者越多，就說明市場越大，機會也越多。馬雲將競爭對手當成「競爭隊友」而加以感謝，因為在競爭中，他可以從對手身上學到長處以補己之短，讓自己保持活力不斷向前。

二〇一一年五月，京東宣佈棄用支付寶，劉強東公開表示，京東與支付寶終止合作主要是因為支付寶費率過高，京東每年要向支付寶付出幾百萬元乃至上千萬元的費用，這令其難以承受，已經損害京東客户的利益。京東與淘寶開始了第一場正面交鋒。

二〇一一年十月廿四日晚，雙方矛盾進一步明朗化。京東商城CEO劉強東發佈微博指責，「一家網站未經允許直接抓取我們的所有產品評價」，並稱之為「雞鳴狗盜」行徑。購物垂直搜索網站一淘很快挺身應戰，直接回應稱，「作為購物搜索，就是要讓互聯網透明，給消費者實惠」，這是京東與淘寶系較量的第二季。自此，雙方的爭鬥就從沒停止過。在一些重要媒體的重要廣告位置上，京東和天貓總會同時出現。京東商城把商標換成了「天狗」，跟天貓敲尾叫囂，「雙十一」大促期間，雙方在促銷政策、物流配送等多方面施展渾身解數，讓業內感歎，「雙十一」就是一場激烈的「貓狗大戰」。

台下是一群看熱鬧的看客，台上的馬雲卻很無辜。他認為，所謂的電商大戰並不存在，「『雙十一』並不是電商大戰，我們也不知道跟誰戰，也沒什麼戰的。」他認為，消滅競爭對手未必會贏，想打敗競爭對手的話，這個公司就會變成職業殺手，這是毫無意義的。競爭對手可能在你走向成功和順利的過程當中增加一些麻煩，但這些麻煩不是企業發展的關鍵，企業發展的關鍵應該是怎麼幫助你的客戶成長起來。

對於外界議論紛紛的自主經營平台和開放式平台，哪一個更能代表電商未來的這個問題，馬雲認為兩者不矛盾。「我們是幫助無數自主經營的賣家，要想打敗一個開放平台，那有點兒不靠譜。如果你是個開放的平台，你不應該去打敗自主平台，而是應該支持自主平台成功。」馬雲說。

淘寶與京東的競爭，年復一年愈演愈烈，消費者看得熱鬧，當事人卻一直很冷靜，最主要的是，這一來一往的爭論讓雙方都成為了最終的獲利者。二〇〇九年，天貓商城推出「雙十一」促銷策略，當年銷售額為零點五億元，經過三年的市場醞釀，到了二〇一一年，銷售額躍升到了三十三點六億元。之後兩年，京東和天貓開始了「雙十一」大促的爭奪戰，到了二〇一三年，「雙十一」期間，天貓以三百五十億元的交易額成功收官，實現了十幾倍的大跨越，京東銷售額廿五億元，比二〇一二年翻了三番。在雙方的爭奪中，「雙十一」從一個普通的數字變成了購物狂歡節，整個市場被炒熱了，雙方都是其中的獲利者。

在競爭中，炒熱市場，共同獲利，馬雲告訴我們，這才是競爭的最高境界。

在過去，人們通常把市場比作蛋糕，如果多個對手都想在這塊蛋糕中分走一塊，那自己就會少得一塊，所以競爭的焦點是「掐死」對手。新的競爭方式則不然，它不再基於「少一個對手，自己就能多得一份」的原則，而是與對手共同去創造一塊更大的蛋糕而分之。競爭的焦點不再是搶蛋糕，而是如何做一塊更大的蛋糕。

競爭並非只有「消滅」對手，在有些情況下，接受對手的存在並善待競爭對手，同樣能夠促進自身的發展。如果以消滅對方為目的只會破壞整個團隊的和諧，與對手在競爭中共同發展，才能為組織創造最大的價值，組織中的每個人也才會成為最大的獲利者。

百事可樂和可口可樂一直是年輕人的最愛，兩者各有一大批忠誠的擁護者，這為它們各自的發展起到了保駕護航的作用。

最初，可口可樂一家獨大，百事可樂並不起眼。為了安身立命，在二十世紀六七十年代，百事可樂給自己定下了「趕超可口可樂」的目標。在進行了充分的市場考察後，百事公司推出了一系列吸引客户的促銷計畫，並請眾多大牌明星代言，開始一點點吸引年輕顧客，大有擊敗可口可樂之勢。

可口可樂公司在意識到自己即將失去市場領導地位後，大為震驚，馬上召集市場專員對市場形勢以及百事可樂的優勢做出詳細分析。根據分析報告，可口可樂公司重新制定一套出色的行銷策略，力圖將百事可樂遠遠甩在後面。為了不被可口可樂再次落下，百事公司開始從企業文化入手，將百事可樂進一步打造成獨具特色的品牌。

就這樣，兩家公司開始了不死不休的爭鬥，結果卻創造了這樣的歷史紀錄：在接下來的五年中，飲料業的創新比之前二十年間的創新還要多，兩家公司的市場份額都達到了歷史最高水準。

可口可樂公司與百事可樂公司曾為了爭市場而展開了半個世紀的激烈競爭。可它們的競爭是「未必要打倒敵人」。當大家對百事可樂和可口可樂之戰興趣盎然時，雙方都是贏家，因為飲料大戰引起了全球消費者對可樂的關注，大家都來喝可樂。可樂大戰給我們的啟迪是，並非只有「消滅」對手，才是促進自身發展的唯一途徑。在有些情況下，接受對手的存在並善待競爭對手，也同樣能夠促進自身的發展。

很多實例都說明了對手就像是推動我們不斷進步的一雙手。當我們被對手追趕，並很可能被超越時，我們才會毫不懈怠、全力以赴地奮力拚搏，這讓我們始終向著更好的方向發展。所以，面對和自己匹敵的對手時，我們應該以欣賞的目光去感謝他們。

其實，能有一個強勁的對手，反而是一種福分，因為一個強勁的對手會讓你時刻都有危機感，會激發你更加旺盛的精神和鬥志。敵人的力量會讓一個人發揮出巨大的潛能，創造出驚人的成績，尤其是當敵人強大到足以威脅你的生命時。敵人就在你的身後，只要你一刻不努力，生命就會有萬分的驚險和危難。

# 5 幫助對手就是成全自己

「朋友、客戶甚至競爭對手都是你最好的公關，一個好的鬥士必須尊重他的對手。」

——馬雲

馬雲是一個人脈大師，他善於廣交朋友，其中就包括他的競爭對手。他會與競爭對手進行熱烈的爭論，並把這種爭論作為一筆財富，因為最瞭解自己的往往是競爭對手，在與他們的相處中，能更好地完善自我。

一直以來，馬雲「樹敵」不斷，先是阿里巴巴由一個電子商務仲介商，成了天下百貨商場共同的競爭對手；後來支付寶變成銀行業的競爭對手；再後來他又入侵物流業，搶食傳統快遞行業的乳酪，成為眾多物流商的競爭對手。之後，馬雲又放言正面挑戰商業地產，希望通過網購的力量把商業地產虛高的價格打下來。在二〇一二年年初的中國中央電視台經濟年度人物頒獎盛典上，馬雲和王健林就「十年後電商在中國零售市場份額能否過半」設下一億元賭局。馬雲宣稱：「如果王健林贏了，那麼是整個社會輸了，是這一代年輕人輸了。」

不斷入侵，不斷搶別人的地盤，不斷樹敵，不斷招惹嫉恨，卻又屹立不倒，馬雲的秘訣在於：和對手保持亦敵亦友的關係。

二○○七年九月在杭州舉行的中國網商大會上，郭台銘和馬雲曾唇槍舌劍，他們提出的象蟻之爭讓人印象深刻。郭台銘堅持企業做大才是生存之道；馬雲卻認為「船小好調頭」才是網路時代的大勢所趨。馬雲說：「我的夢想是要把富士康這種巨無霸企業打得七零八落，讓大家都有飯吃。在網路時代，欠缺彈性的大象，肯定會輸給能合力搬走大象的小螞蟻。」但郭台銘對馬雲「小就是好」的看法不以為然，網路時代能讓大企業如虎添翼，影響深遠。兩個極端的人，第一次會面，確實大吵了一架，但隨後在多次合作中已經變成了可以談天說地的朋友。

馬雲是沈國軍的競爭對手，又是他的朋友。二○一一年，淘寶網大玩「雙十一」「雙十二」促銷活動，一路所向披靡，銀泰百貨等傳統賣場的地盤被搶了七八成，於是沈國軍對馬雲恨得牙根癢癢。但是兩年後，先是阿里聯合銀泰集團、複星集團、富春集團、順豐、申通、圓通、中通、韻達組建了一個新物流公司「菜鳥網路」。銀泰集團董事長沈國軍出任菜鳥網路ＣＥＯ，馬雲出任董事長。接著，阿里巴巴集團宣佈與銀泰達成戰略合作，探索線上線下的融合。作為雙方合作的第一步，銀泰集團將參與天貓「雙十一」活動，以線下三十五個實體店相關資源支援天貓一年一度的促銷。

馬雲是eBay全球CEO約翰·多納霍斯的競爭對手，又是他的朋友。當年，淘寶和eBay打破頭的時候，在外人想來，約翰·多納霍斯恨不得一舉滅了馬雲和他的阿里集團。但事實上，約翰·多納霍斯說他們自始至終都是好朋友。原來，早在約翰·多納霍斯剛剛加入eBay的時候就已經認識了馬雲。馬雲主動走到了他的房間，毫不忌諱地和他進行各種深度交流，馬雲的坦誠、熱情以及激情讓約翰·多納霍斯折服，於是兩個人的友誼就這樣形成了。

美國商界有句名言：「如果你不能戰勝對手，就加入到他們中間去。」與你的對手到底是做競爭對手還是做朋友，這取決於你的商業智慧和人生閱歷。邱吉爾有句名言：「世界上沒有永遠的朋友，只有永遠的利益。」從利益最大化的角度出發，我們與朋友應該「既做朋友，也做敵人」。而從競爭的角度出發，我們與對手應該「既做競爭對手，又做朋友」。

# 6 踩在巨人的肩上，成為另一個巨人

「競爭對手所做的每一項決策，都能使我們獲得成長。競爭對手還是企業最好的實驗室，因為競爭對手會研究你。而你也會從他們所提出的創新點子中吸取經驗。」

——馬雲

阿里系的老大當屬Ｂ２Ｂ，這也是整個集團真正的盈利點與現金牛。在阿里巴巴Ｂ２Ｂ公司背後，有一大堆追趕的身影——慧聰、環球資源、來自中東的特佳易、義烏的小商品網等。「一直被跟隨，從未被超越。」阿里巴巴Ｂ２Ｂ公司習慣了領跑，其在領跑過程中不忘向競爭對手學習。

二〇一〇年四月，阿里巴巴旗下全球速賣通正式上線，它是阿里巴巴旗下唯一面向全球市場打造的線上交易平台，被廣大賣家稱為「國際版淘寶」。全球速賣通面向海外買家，通過支付寶國際帳戶進行擔保交易，並使用國際快遞發貨。全球速賣通是阿里巴巴轉戰國際市場的關鍵一步，它的推出及整個發展過程非常順利，分析其中的原因，除了有淘寶在國內市場的成功運作這個經驗範本外，敦煌網的運作模式也為它提供了有利的借鑒。

敦煌網是第一家整合線上交易和供應鏈服務的Ｂ２Ｂ電子商務網站，主要是幫助海外中小買家在中國找到貨源。敦煌網的盈利模式不是向國內賣家收取會員費，而是讓買賣雙方免費註冊使用網站，並在交易完成後向海外買家收費。全球速賣通平台提供的服務與eBay以及敦煌網等無本質差別，只在賣家准入、收費方式、交易流程上有細微差別。馬雲向競爭對手學習的理念，讓全球速賣通有效地規避了未知的風險，一開始就站在了一個高的起點上。

> 有這樣一句話，上帝總是把等重的人放在天平的兩邊。對手不是敵人，而是和我們擁有同等價值重量的人。要善意地對待競爭對手，並從對手那裡改進自己，警戒自己。沒有對手，你就不會知道自己的弱點與不足，只有對手，才可以讓你時時刻刻運用自己的大腦。阿里巴巴就是在與對手的競爭中不斷地成長。

ＮＢＡ（美國男子職業籃球聯賽）公牛隊曾經顯赫一時，就是因為有喬丹這樣一個傳奇人物。喬丹是天之驕子，威名遠播，他的球技人品世人共睹，但只有這樣是不行的，因為籃球不是一個人的運動，需要集體配合才能取勝。公牛隊出現了另一個得分手，另一個天才球員，他的三分球命中率甚至比喬丹還要高，他也曾立下豪言：「單場得分要超過喬丹。」

面對隊友的挑戰和競爭，喬丹沒有嫉恨，沒有把他當作敵人，反而鼓勵他樹立信心，親口告訴他，他的三分球姿勢標準，還有很大潛力。結果，在喬丹指導下，隊友一步一步前進。終於有一次，他的單場得分超過了喬丹。此時喬丹比他更高興，兩人緊緊相擁在一起，許久許久。這個人就是另一個著名的ＮＢＡ明星皮彭。

皮彭成功了，喬丹也因其高尚的品格受到更多人的喜愛，得到更大榮耀。再後來，他們並肩作戰、共同提高，互相成就了對方。因此，競爭對手非但不是敵人，還是我們的老師或戰友，更是職場上難得的同行者。

競爭對手是一面絕好的鏡子，他們身上發生的事情正是你身上已經發生、正在發生或將要發生的事情，向競爭對手學習，可以讓你認識自我進而突破自我，成就未來。對於一個立志成功的人來說，培養向競爭對手學習的胸懷和習慣顯得尤為重要。

# 7 知己知彼，在競爭中主動出擊

「我們與競爭對手最大的區別就是我們知道他們要做什麼，而他們不知道我們想做什麼。我們想做什麼，沒有必要讓所有人知道。」

——馬雲

「適者生存，優勝劣汰」一直是自然界最基本的生存規律，這條規律在商業圈中也是一條公認的定律。當今社會，誰無法在競爭中適應，誰就無法生存。對企業來說如此，對個人來說也是如此。競爭無法避免，首先要改變舊觀念，與其不斷被強者削弱，還不如自己做大做強。在競爭者面前，恐懼是沒有用的，示弱不會讓對手產生同情，相反會讓自己更快地走向滅亡。競爭已經產生了，而應對競爭的唯一辦法是直面競爭，不斷強大起來，在競爭中去戰勝對手。

這個世界無時無刻不存在著競爭。人從出生到死亡，每一步都有競爭，只有競爭才能生存，不競爭的後果便是死路一條。想要生存，就必須要比別人跑得更快，在競爭中勝過別人，這才是亙古不變的永恆定理。有競爭才會有成敗，競爭固然讓人煩、讓人累，但也別無選擇。人生就是我們不斷競爭的過程，直至死去那一刻。我們必須全力以赴地接受競爭，只有跑得比別人快才能在競爭中獲勝，才能贏得生存。

對於要在商場中大展拳腳的人來說，培養先發制人的競爭意識很重要。如果沒有這樣的意識，等到競爭對手打到家門口，才反應過來要去反擊，那就太晚了。在沒有硝煙的商場中，搶佔先機的人才能搶佔市場。

在這一方面，馬雲可以說為企業家們做了一個很好的表率。在互聯網還未被大眾熟知的時候，他就進軍這個行業；在電子商務發展出現瓶頸的時候，他創建了淘寶網，拓展了新模式；為了阻擊Google，他選擇了和雅虎聯盟。

進攻是最好的防守，用馬雲自己的話來解釋，就是「進攻者，永遠都有機會」。在商場上，可以躲避一個對手的進攻，但躲避不開所有對手的進攻，所以，與其四處躲避，不如主動出擊。「競爭者是殺不掉的，他們一定是自己殺掉自己的。環境會殺掉他們，產業的變化會殺掉他們；自負會殺掉他們；看不起自己會殺掉他們；自己踩錯點更會殺掉他們。所以我認為最大的對手還是自己。你不要忙著去替社會清理這些事情，它自己會清理的。」馬雲從不畏懼競爭者和挑戰者，在競爭中，他會選擇先發制人，佔領先機。

中國的網拍市場形成時，最初的局面是三足鼎立——eBay、淘寶網和一拍網。這三大網站三分網拍市場，各自佔領了不小的地盤，這裡面，淘寶網雖然是後起之秀，發展較晚，但在馬雲的帶領下，佔據了市場第二的位置。但三家網站都想一家獨大，佔領整個中國網拍市場，所以，一場較量在所難免。每一方都在不斷挖掘和擴張自己的勢力，這其中淘寶網的做法卻讓人有些不大理解了。

在二〇〇五年時，阿里巴巴和新浪關於一拍網的股份達成了協定——新浪網將持有的一拍網百分之三十三的股份全部轉讓給阿里巴巴公司。阿里巴巴併購雅虎時，一拍網的股份也轉讓給了阿里巴巴。一拍網是雅虎和新浪在華的合資公司，這樣一來，阿里巴巴就有了一拍網百分之百的股份。在人們以為阿里巴巴會改革一拍網時，沒想到馬雲將一拍網關閉了。

馬雲認為一拍網加入淘寶網的作用只是錦上添花，但不會有根本的改變，而最有價值的是一拍網的員工。馬雲將一拍網關閉，給了eBay一個措手不及，本來是三分市場，但突然之間就成了兩家對決。之後的競爭中，淘寶網的本地優勢頻頻顯現出來，易趣只能眼睜睜地看著淘寶網在自己原有的市場地盤上不斷安營紮寨，攫取市場份額。

有人稱這次的網拍市場之戰，馬雲用的是偷襲手段，馬雲對此也不否認，他說：「有人說淘寶網贏eBay是珍珠港偷襲，（eBay）輸了是沒防到，輸了不算。那麼，雅虎和Google之戰是全世界都知道的，這個是在運動戰中消滅敵人。偷襲之戰必須在廿四小時或四十八小時內結束，不可能持續下去！」

成功與失敗雖然只是一個競爭結果，但卻是我們生存的前提。只有把握時機，不斷努力，才能在競爭中獲勝。若不想被人看扁，就必須往前跑，不斷往前跑，盡可能跑得比別人快。這樣每超過一個人，都會給我們帶來成就感，跑得越遠，成就感就越強。

# [第八章]

# 做事先做人，價值觀比什麼都重要

馬雲：「我們讀《三字經》，人之初性本善，最早的課本講做人的道理，西方的課本也是一樣，通過教做人道理來學知識。小學的孩子，必須要有舞蹈、音樂、運動，我們要教的是價值觀，一定要教他怎麼學會做人。」

# 1 畢業證書，只能當收款憑證

「不管你是什麼大學畢業，你的畢業證，我都只當作收款憑證，因為它能說明的，只是你的家庭為你讀書付過款，而並不能說明你有沒有讀過書。有時候學歷很高不一定把自己沉得下來做事情。」

——馬雲

很多條件優越的人，其成功路徑呈現出「一氣呵成」的直線：從小在良好的家庭環境中長大，上學一直都是好學生，然後順理成章地考上名牌大學，接著出國鍍金，然後畢業了進入好單位。

在互聯網江湖，更是如此。和馬雲同期的張朝陽、丁磊、李彥宏、陳天橋，他們無不出身名校，有著耀眼的光環，而相比之下，馬雲則顯得「土生土長」、毫不起眼，馬雲求學的經歷實在無法與他們相比。

馬雲經常說：「馬雲能夠成功，百分之八十的人都能成功。」曾經是「差學生」的他，最終成為了出色的生意人。馬雲絕不是個案，環顧四周，很多好學生會發現，當年那些學習不是很好的小學、初中同學，在自己的多年努力之下，都生活得非常不錯。無數事實證明，在這個機遇遍地的時代，學歷不能代表能力，也不意味著一切。

一八三六年，卡內基出生在蘇格蘭，後來移民美國匹茲堡。在那裡，卡內基結識了一些蘇格蘭裔的小朋友。有一個孩子的父親經營紡織廠，年幼的卡內基就去這個工廠做工，每週的工資是一點二美元。艱辛的生活使卡內基把賺錢作為唯一的目的，所以他特別珍惜這個賺錢的機會。工作了一段時間後，由於卡內基的工作出色，工資漲到每週二美元。

一次，老闆讓機靈、勤快的卡內基幫忙記帳。卡內基雖然根本沒有做過，但是他並不膽怯，而是非常痛快地答應了，並且完成得讓老闆滿意。不久，他就被調到了會計室工作。

卡內基並不滿足，他沒有在會計的位置上高枕無憂，而是去學習自己還不太懂的複式會計。白天上班，晚上學習，每週三天課，年幼的卡內基學得津津有味。

不久，卡內基經人介紹到一家電報公司做送報員。這在當時是個令人羨慕的好工作，父親與高采烈地領著卡內基去面試。到了電報公司門口，卡內基對父親說：「我想一個人去試試。」父親驚訝地答應了。卡內基之所以提出這樣的要求，有兩個原因：一是他覺得自己身材不高，和父親站在一起顯得自己太矮；二是他擔心父親說話不得體而衝撞雇主。

雇主大衛先生驚訝于如此小的一個孩子就有這樣的勇氣、主見和自信，所以對他很是賞識。卡內基忘記了父親還忐忑不安地等在公司門口，馬上就開始了工作。

卡內基週薪是二點五美元，他為此而努力工作。一個星期，他就熟悉了匹茲堡的街道，兩個星期，他把郊區也弄熟了，這使他在公司裡受到表揚。公司由大家輪流打掃，而卡內基決不貪戀被窩裡的舒坦，每天都提前到達公司，先打掃環境，然後就跑到電機房操作電報機。他並不為此感到辛苦，因為他太喜歡了。總經理大衛知道了，對卡內基更為讚賞。一年後，卡內基已經成了信差的管理者。他的工資也漲到每月十三點五美元，又比原來多了三點五美元。他把這三點五美元「鉅款」留了下來。他對弟弟說：「媽媽太辛苦了，每天都縫鞋到半夜。以後咱們開一家卡內基兄弟公司，賺好多錢，送給母親一輛閃閃發光的馬車！」這就是十四歲的卡內基的理想。

卡內基不斷地增加自己的積累，他知道利用一切機會獲取新的知識。那時，報童享有到戲院免費看戲的權利，卡內基就經常去看莎士比亞的戲劇，他喜歡上了莎士比亞。他得知詹姆士・安德森上校家有莎士比亞的著作後，就立刻去借。後來借書的人越來越多，上校乾脆就辦了個私人圖書館。卡內基被豐富的書中世界所深深地吸引，他不僅看莎士比亞，而且看歷史，看關於鋼鐵與煤炭的專業書籍。

安德森上校的私人圖書館越來越擁擠了，上校就向市政府提出借一間房子。馬上，官方就頒佈了「本館僅供初學者借閱，其餘須繳年費二美元」的規定。卡內基立即開始抗議，聲稱自己還沒有經濟上的獨立，不應該交年費。但管理人員對他的抗議根本不予理睬。卡內基憤怒地向《匹茲堡快報》寫信，指責市政府當局「違反圖書捐贈者安德森上校的本意」。市政府也寫信反駁，雙方在快報上針鋒相對，引起各界關注。《匹茲堡快報》刊登了一篇社論，支持卡內基。這個十多歲的孩子，竟然敢和政府唱反調，卡內基的膽識和自信簡直不可想像。

在安德森上校圖書館裡的閱讀，開啟了卡內基的抱負之門。卡內基對安德森上校的恩德非常感激，多年以後，卡內基在上校圖書館的原址，蓋了大會堂和圖書館，建了紀念碑，感謝上校「賜予眾多青少年求知的機會」。

十七歲的卡內基在工作中認識了賓夕法尼亞鐵路匹茲堡電報管理局局長湯姆·斯考特。斯考特非常賞識卡內基的才幹，很快就把他安排到了自己的手下，月薪是三十五美元。這時，卡內基小時候學的複式會計有了用武之地，因為他除了做斯考特的助手，還被授權監督公司的會計。

在卡內基十九歲的一天，斯考特告訴卡內基有人要出售亞當斯快運公司的股票，需要五百美元。然後他問道：「你能籌到五百美元嗎？」斯考特說到五百美元的時候，就像說五美元、十美元的小錢。卡內基驚訝極了，但是在臉上卻沒有流露出一點難色。斯考特又告訴他，這個公司的經營很好，股票還會漲價，這絕對是有利可圖的投資。但是卡內基的父親剛剛去世，家裡幾乎沒有餘款，所以只能謝絕斯考特的好意。斯考特不願意眼睜睜地看著這樣好的機會錯過，說道：「我先為你墊付好了。」卡內基立即同意了。但第二天，斯考特沮喪地告訴他，賣主又要價六百美元了。卡內基卻毫不猶豫地決定買下這些股票。半年裡，卡內基和母親省吃儉用，又借了四百美元，還清了斯考特的賬。不久，卡內基拿到了十美元的紅利。錢並不多，但卻讓卡內基產生了「我是股東」的成就感，賺錢的欲望愈加強烈得不可收拾。

這時，斯考特被提拔為阿爾圖事業總部部長，卡內基被斯考特提拔為總部秘書，月薪增加到五十五美元。此時的卡內基備感欣慰的是，母親再也不用日夜不停地縫鞋了。

命運安排卡內基又有了另外的機遇。他偶然遇到了臥鋪車廂的發明者伍德拉夫。在瞭解了這個新事物後，卡內基認為這個發明一定能使鐵路客運進入一個新的時代，就立即報告了斯考特。斯考特也很看好這個構思，生意立即成交。為表達感激之情，伍德拉夫邀請卡內基投資他即將開辦的臥鋪車廂製造公司，卡內基果斷地決定靠銀行借貸投資兩百美元。一年後，卡內基分到的紅利在五千美元以上。這成了卡內基一生的轉捩點。

一八五九年，斯考特成為賓西法尼亞鐵路的副董事長。廿四歲的卡內基也隨之成為匹茲堡管理局局長，年收入一千五百美元。

兩年後，南北戰爭開始了。斯考特被任命為陸軍助理次長，卡內基依然隨之前往，他為確保幾條主要鐵路運輸暢通立下了汗馬功勞。南方軍隊不斷炸毀木製的橋樑，卡內基在維修工程的時候突然想到：以鐵橋代替木橋是必然趨勢。

不久，卡內基得了流行傷寒，他就向斯考特提出辭呈。儘管斯考特竭力挽留，但卡內基去意已定。卡內基決定立即開始嘗試他那個建造鐵橋的夢想。一八六二年，卡內基成立了拱心石橋樑公司，製造鐵橋、鐵軌，各地訂單蜂擁而至。卡內基從此財源滾滾。

他在歐洲旅行的時候，毫不猶豫地買下了鋼鐵製造和焦炭洗滌還原法的專利。有人說這是卡內基財大氣粗浪費錢財，但卡內基相信，這是又一個「下金蛋的鵝」。

回到美國，他發瘋似的工作起來，向鋼鐵這個還很陌生的領域邁進。他建造了一座當時最大的廿二點五米高的熔礦爐，耗資超出預算兩倍多。股東們開始擔心他把老本也賠進去了，紛紛反對卡內基的計畫。但卡內基不為所動。一八七五年八月，卡內基和購買鋼鐵的公司簽訂了第一個供貨合同，兩個星期後，熔礦爐點燃了。此後，鋼鐵訂單如雪片飄來。他又勝利了。

他的橋樑公司也捷報頻傳，完成了使整個美國為之瞠目的兩個橋樑大工程。卡內基雄心勃勃地要建造更大的鐵橋，要把全美的鐵軌變成鋼軌。大家都認為卡內基的計畫不切實際，而且認為鋼料做橋墩和橋樑太脆弱。但卡內基毫不退縮，決意幹下去。

一八六八年，卡內基寫下一個備忘錄：「年齡三十三歲，年收入超過了五萬美元，這兩年間事業發展順利。但現在我想發奮讀書，計畫前往牛津大學深造，也想購買倫敦報紙的股票。人必須崇拜點什麼，崇拜財富是最醜陋的行為。對於我，現在繼續發展事業，在一段時間內還會積累更多的財富，但這會不會讓我墮落下去呢？因此，我打算在三十五歲以前退休……」但是，飛速發展的事業讓他欲罷不能。

對鋼鐵的狂熱讓他在五十一歲才結婚。

後來，這個沒有上過多少學的實幹家，成了世界鋼鐵王國第一人。

有句話說得好：「學歷是銅牌，人脈是銀牌，能力是金牌。」學歷在初入社會的起始階段，可能會對你有所影響，充當了敲門磚的作用。但是一旦踏入社會之後，能力就成為了主角。因此，不要為自己不夠華麗的學歷自卑或者抱怨，人生是一場大戲，需要更多的武裝，學歷只是一個道具而已。

# 2 上當不是別人太狡猾，而是自己太貪婪

「上當不是別人太狡猾，而是自己太貪婪，是因為自己才會上當。」

——馬雲

很多時候我們會被人誘惑，然後落入別人精心編織好的陷阱之中，我們覺得很委屈很冤枉，覺得人心不古，覺得所有人都太過奸詐狡猾，沒有做人的基本原則。但是從本質來講，這並不是因為別人太壞，恰恰相反，而是因為你太貪，只有貪婪的人才會落入別人的陷阱，別人也是因為你的貪婪才能編織一個陷阱。

聰明的人不在於他能夠分辨出陷阱，不在於他能夠識破別人的詭計，而往往在於能夠自我克制，不會輕易被外在的東西所迷惑，不會起貪婪之心，所以無論出現什麼情況，無論遇到什麼樣的誘惑，他都能夠保持淡定的心態，從而有效避免自己誤入陷阱之中。

馬雲說，想要賺錢，就不能唯利是圖，更不能貪婪。他總是知道自己真正需要什麼，知道自己能夠得到什麼。馬雲當年成立阿里巴巴的時候，很多競爭對手都有自己的贏利模式，就是從客

戶那裡收取服務費。但是馬雲沒有那樣做，他覺得如果自己衝著錢去，那麼淘寶網就沒有辦法做大做成功，所以最後他決定三年免費服務，結果淘寶很快發展起來。

正因為馬雲不是一個貪婪的人，所以當其他企業家都在抱怨自己賺錢少的時候，馬雲卻不安地說自己賺錢多了。為什麼？因為自己賺錢多了，那些客戶的利益就受到了壓縮，這不符合阿里巴巴創業的初衷，也不符合阿里巴巴的發展規劃，所以馬雲增加了對客戶的投資，從而減少自己的利潤。

對客戶是這樣，對自己的員工馬雲就更是沒有貪婪之心了，其實一開始馬雲掌控著公司絕大部分的股權，但是這些年來他一直想辦法稀釋自己的股權，並將這部分股權稀釋給更多的員工，而反觀其他股東，則沒有這樣的心胸。儘管自己的股權越來越少，自己的控制力越來越弱，但是馬雲從不為此擔心，他覺得自己這樣做可以為員工帶來更多的利益，這就是對阿里巴巴最有幫助的事情了。

對於馬雲而言，這不是在作秀，而是真真切切的實際行動，而是真正地從大局出發。他沒有變得貪婪，所以也不會落入陷阱，更不會被其他人算計。而對於很多企業家來說，想要做到這點很困難，因為沒有人願意放棄到手的利益，唯利是圖很容易壓倒理性，很容易讓他們失去基本的判斷力，很容易蒙蔽他們的眼光，所以最終很可能什麼事情也辦不好，最終什麼也得不到，而且還有可能落入陷阱。

有個老魔鬼看到人們生活得太幸福了，他說：「我們要去擾亂一下，要不然魔鬼就不存在了。」

他先派了一個小魔鬼去擾亂一個農夫。因為他看到那農夫每天辛勤地工作，可是所得卻少得可憐，但他還是那麼快樂，非常知足。

小魔鬼就想：「要怎樣才能把農夫變壞呢？」他就把農夫的土地變得很硬，讓農夫知難而退。那農夫對著土地敲打半天，做得好辛苦，但他只是休息一下，還是繼續敲，沒有一點抱怨。小魔鬼看到計策失敗，只好摸摸鼻子回去了。

老魔鬼又派第二個去。第二個小魔鬼想，既然讓他更加辛苦也沒有用，那就拿走他所擁有的東西吧！那小魔鬼就把他午餐的饅頭和水偷走。他想農夫做得那麼辛苦，又累又餓，卻連饅頭和水都不見了，這下子他一定會暴跳如雷！

農夫又渴又餓地到樹下休息，沒想到饅頭和水都不見了。可是農夫卻說，「不曉得是哪個可憐的人比我更需要那塊饅頭和水。如果這些東西能讓他溫飽的話，那就好了」。小魔鬼只好又棄甲而逃了。

老魔鬼覺得奇怪，難道就沒有任何辦法使這農夫變壞嗎？這時第三個小魔鬼對老魔鬼說：「我有辦法一定能把他變壞。」

小魔鬼先去跟農夫做朋友，農夫很高興地和他做了朋友。因為小魔鬼有預知的能力，他就告訴農夫，明年會有乾旱，教農夫把稻種在濕地上，農夫便照做。結果第二年別人沒有收成，只有農夫的收成滿滿，他就因此富裕起來了。

小魔鬼又每年都對農夫說當年適合種什麼，三年下來，這農夫就變得非常富有了。他又教農夫把米拿來釀酒販賣，賺取更多的錢。慢慢地，農夫開始不工作了，靠著販賣的方式，就能獲得大量金錢。

有一天，老魔鬼來了，小魔鬼就告訴老魔鬼說：「您看！我現在就要展現我的成果了，這農夫現在已經有豬的血液了。」只見農夫辦了個晚宴，所有富有的人都來參加：喝最好的酒，吃最精美的餐點，還有好多的僕人伺候。他們非常浪費地吃喝，衣裳零亂，醉得不省人事，開始變得像豬一樣癡呆愚蠢。

「您還會看到他身上有著狼的血液。」小魔鬼又說。

這時，一個僕人端著葡萄酒出來，不小心跌了一跤。農夫就開始罵他：「蠢貨，做事這麼不小心！」「哎！主人，我們到現在都沒有吃飯，餓得渾身無力。」「事情沒有做完，你們不許吃飯！」農夫惡狠狠地說。

老魔鬼見了，高興地對小魔鬼說：「你太了不起了！你是怎麼辦到的？」

小魔鬼說：「我只不過是讓他擁有的比他需要的更多而已，這樣就可以引發他人性中的貪婪。」

俗話說，人心不足蛇吞象，我們每天面對外部世界的誘惑，什麼都想得到，偏偏我們精力有限，金錢有限，如果一味去追求，有可能讓自己累倒在半路。就算有一座金山擺在眼前，我們能拿的，也只是自己拿得動的那一部分，不然不是在半路暈倒，就是在金山裡餓死。不得不承認，以我們有限的生命和能力，追求不了那麼多的東西，承擔不了那麼重的負擔。

老子說：「禍莫大於不知足，咎莫大於欲得。」一個人之所以惹禍上身通常是因為不知足、太過貪婪，一味去滿足私欲和貪念，結果貪心不足蛇吞象，被人設計陷害。鬼穀子則說：「欲多則心散，心散則志衰，志衰則思不達。」貪婪往往會讓人喪失理智，做事欠缺考慮，不能夠明白是非，也不會輕易察覺到別人設下的陷阱，正因為如此，才會輕易被人算計。

「股神」巴菲特曾經一針見血地指出，炒股就是一種冒險遊戲，你的對手就是那些設套的人，你唯一的想法就是不要被人套住，不要落入別人的陷阱。在數十年的炒股過程中，他之所以能夠積累富可敵國的財富，就在於能夠躲過那些陷阱。他說：「當別人貪婪時，你應當覺得恐懼。」這就是他獲得成功的重要方法。

# 3 長相與成功無關

「這世界上只要有夢想，只要不斷努力，只要不斷學習，不管你長得如何，不管是這樣，還是那樣，男人的長相往往和他的才華成反比。」

——馬雲

如果非要用古今中外的一個名人來形容現在的馬雲，最合適的莫過於拿破崙了。一樣矮小的身材，一樣被外界認為狂妄的性格，一樣存在著巨大的爭議，但都取得了讓所有人驚歎的成就。從小就身材矮小的馬雲，用他那不屈的鬥志和獨到的智慧一步步成長為「東方拿破崙」。

二〇〇〇年七月十七日，其貌不揚的馬雲成為了中國第一位登上全球最權威商業雜誌《富比士》封面的企業家。該雜誌在介紹馬雲的時候毫不客氣地描寫道：「他，深凹的顴骨，捲曲的頭髮，淘氣的露齒笑，一個五英尺高、一百磅重的頑童模樣。」另外，又毫不吝惜地盛讚：「這個長相怪異的人有著拿破崙一樣的身材，更有拿破崙一樣的偉大志向。」

關於馬雲的長相，露骨的諷刺一直沒有間斷，有經典的段子稱他有點像天外來客，說他演外星人基本不用化妝。「因為長得醜，經常躲著大家」，馬雲經常這樣自嘲。

長相是爹媽給的，儘管現代整容技術很先進，但又不是明星，何必對自己動刀呢？馬雲從小就很接受父母給予的「恩賜」，他從來沒有因為長得醜而自卑，對於自己的長相，馬雲從來都是信心十足：「人又瘦，還那麼醜。不過我覺得絕大部分的情況下，一個男人的長相和他的智慧是成反比的。」他甚至還揚言：「二十年以後的中國，流行的長相是跟我一樣。」

馬雲其實頗感激自己的長相：「因為長得醜，沒有本錢，只能不斷努力。也正是因為如此，才沒有浪費大好青春，為成功奠定了堅實的基礎。」

客觀地講，長相不佳，確實給馬雲帶來不少挫折。比如，因為個子瘦小，他去應聘保安和服務生的時候，被人拒絕了。這種時候很多，但是馬雲坦言從來沒有覺得受到什麼打擊，也從來沒有因此而沮喪過。他想得很開：「別人攻擊你的長相，你沮喪是沒有用的。我碰到的這種事兒多了，怎麼沮喪得過來？生活就是這樣，你得到了一定會失去，你失去的東西也一定會得到一點，你什麼都想得到怎麼可能？」

再比如，因為長得「看起來像壞人」，當年他在向人推銷互聯網產品的時候，別人都躲著他，好不容易被他「糾纏」住的人，也因為他的「壞人樣兒」，對他的話始終保持質疑，馬雲並沒有因此而生氣，而是以加倍的真誠去說服對方。

馬雲說，長相與成功無關，正確看待自己的長相，不妄自菲薄，不喪失信心，再糟糕的長相也不會成為成功的阻力。

美國第廿六任總統羅斯福，小時候的他有著一副非常「抱歉」的面孔，參差不齊的牙齒、畏首畏尾的神態，都成為了別人嘲笑他的原因。因為他有氣喘的毛病，所以當他在教室裡被老師喚起來背書時，他的呼吸急促得好像快要斷氣，兩腿站在那裡直發抖，牙齒也顫動得像要脫落下來一樣，顯得局促不安。他背出的句子含混不清，幾乎沒人聽得懂，背完後，便頹然坐下，就像是疲憊不堪的戰士突然獲得了休息。

也許你以為他一定會性格內向、文靜怕動、神經過敏、不喜交際、常常自怨自艾，那你完全錯了，他沒有因這些缺陷而氣餒，反而因為有了這些缺陷而加緊了他的奮鬥，這種奮鬥並不是誰都能做到的。他經過長期的堅持和學習，才克服那常常被人鄙視的氣喘，把齒唇的顫動和內心的畏縮改成卓越的口才和自信的行動。

當他看見別的孩子在操場上嬉笑、跳躍、東奔西跑、做著種種激烈的運動時，他也踴躍參加，從不退讓。他和大家一樣騎馬、賽球、游泳、競走，而且常常名列前茅，成為業餘的運動家。他常常以那些堅定勇敢的孩子們為榜樣，自己也常常體驗冒險的精神，勇敢地應付種種惡劣的環境。當他和別人在一起時，他總是用親切和善的態度去對待任何同伴，主動與他們接近。這樣一來，他即使有著內向的自憐心理，也被自己的行動克服了。他深知上帝從來沒有創造一個標準的人，只要自己心境舒坦快樂，一切都將順利得好像預先安排好的一般。

缺陷造就了羅斯福一生的奮鬥精神，這無疑是他經營一生偉業最可貴的資本。他絕不把自己看作一個懦弱無能的人，在他升入大學前，就經常自我鞭策，用自律的運動和生活恢復了他的健康，使自己變成了精力超眾、強健愉快的人。

羅斯福因為有缺憾，才有了奮鬥的動力，才有了堅韌的毅力，這一切，又給他帶來了人生的轉機，缺憾成就了他一生的功名。事情往往如此，越是有缺陷的地方，卻容易迸發勃勃的生機。

也許你會認為才華和相貌成反比的說法沒有任何科學依據，但是有人還真的做過一項有趣的調查，他們對世界上數千個不同職業的聰明人進行對比，發現在這些最聰明的人中，長相標緻的還不到百分之一。可見這並不是一種巧合，而更像是一種特定的社會規律。

其實，草率地將才華和容貌進行對比並沒有什麼特別的意義。不過，從生活中來看，容貌好的人容易受到更多的干擾，因為被人追求而過早地放棄學業，因為過分關注容貌而自負和分心，容易喪失更進一步的動力；而容貌不好的人會想辦法從其他方面尋找平衡，辦事情更加專注一些，在生活中會更加努力來證明自己，以吸引別人的眼光。

正因為如此，我們不要奢望「高富帥」「白富美」都才華橫溢，也不要認為沒有才華的人都是「矮矬窮」。上帝總是公平的，你的容貌不出眾，就必定會從其他方面給予你補償，你的善良、你的勇氣、你的智慧可能會更加突出，而這些會為你帶來更大的成功。

當然每個人都希望自己擁有出眾的外表。外形條件能夠增添個人的魅力，但是卻不能決定一個人能否成功。一個人能否走得更遠往往是依靠自身的能力和才華，這才是社會所需要的價值。

我們暫且不要去想馬雲的話是不是具有科學依據，至少馬雲給了大多數相貌平平的人一點兒希望，一個男人可以在先天條件上輸給別人，但是一定要通過才華來展示自己的價值。也許你的腦袋比別人更小，但是卻擁有大智慧；也許你的眼睛比別人更小，但是卻總能看得更深更遠；也許你的聽力並不比別人更加突出，但是總可以及時知曉天下事，而這些才是成功最需要的。

馬雲拿才華和容貌說事與其說是自嘲，倒不如說是一種激勵。對於絕大多數年輕人來說，先天條件不好，不用自卑，也不用怨天尤人，只要你足夠努力，只要有才華，就可以獲得成功，甚至獲得比其他人更大的成功。

# 4 找最適合自己的，而不是最賺錢的

「專案和人不應該是矛盾的，優秀的專案必須有合適的人，優秀的人也必須有合適的專案，然後再加上合適的時間才能成功。所以我選的時候一定從這個人和這個項目，是不是合適的時間以及他的團隊入手。有時候這個項目很好，人不行，有的時候項目不成熟。」

——馬雲

有人曾經問「股神」巴菲特，到底什麼樣的工作才最賺錢，巴菲特打了個太極：「對於蓋茨來說，搞軟體最賺錢，對於斯利姆先生來說，電信是個賺錢的好專案，當然對於我來說，還是炒股最能賺錢。」其實巴菲特說的幾個人物正是當年世界上排名前三的富翁，所以他們的工作也被稱為最賺錢的專案，可事實上，他們每個人都只是選擇了最適合自己的工作來做。所以嚴格說起來，這個世界上並沒有什麼項目是最賺錢的，如果非要給出一個答案，那麼對任何一個人來說，最適合自己的工作往往就是最賺錢的專案。

最適合自己的才是最賺錢的，已經是一句老話了，但事實上很多人未必能夠想透這句話。對於多數人而言，他們永遠都有一些創業的黃金席位和黃金標準，哪些事是最風光的，哪些工作是最賺錢的，哪些專案是利潤最大的，他們往往一清二楚，而且始終都願意抓住這些「好差事」不放手。比如對於很多人來說，房地產賺錢，他們就把資金全部投入到房地產中，股市賺錢，他們就把錢全部拿去炒股。但從專業的角度來分析，這其實是一種非常盲目的投資行為，因為你很可能根本就不具備這方面的投資眼光，很可能難以把握市場的行情，也可能對相關的業務一竅不通。你也許完全只是衝著一個金字招牌去的，這樣自然不會有太大把握能夠掙到什麼錢，而既然沒有什麼把握可以掙到錢，那麼為什麼還要冒險去做呢？與其這樣還不如盡全力去做自己能做的事，去做適合自己的事。

在一九五二年十一月九日，以色列獨立以來的第一位總統魏茨曼不幸因病逝世，這位總統正是偉大物理學家愛因斯坦平生少有的摯友之一。在魏茨曼去世前的一天，以色列駐美國大使便向愛因斯坦轉達了以色列總理本·古里安的信，信中以誠摯的語氣明確指出，自己將會正式提請愛因斯坦成為以色列共和國總統候選人。

消息很快便傳遍了整個新聞界，當晚，一位記者撥通了愛因斯坦住所的電話：「親愛的教授先生，聽說您將會出任以色列共和國總統，這件事情是真的嗎？」

電話那頭，愛因斯坦的回答非常平靜：「不，我不會當總統的，我並不具備那樣的才能。」

「但是，總統並沒有多少具體的事務，而且這一職位往往是象徵性的。教授先生，您可以說是這個世界上最偉大的猶太人，不，不，您簡直是這個世界上最偉大的人。由您來擔任以色列總統，不僅體現了猶太民族的偉大，更預示了猶太民族的美好未來！」記者的聲音越來越興奮。

「不，我幹不了這樣的事情。」愛因斯坦並沒有因為記者的話而有所驕傲，而是輕聲地做出了自己的回答。

隨後，駐華盛頓的以色列大使再次打過來電話時，愛因斯坦同樣明確地拒絕了。

不久後，愛因斯坦在美國一家權威報紙上發表了自己的聲明，聲明中指出，他不會出任以色列總統一職：「有關自然，我可能瞭解一點兒，但是有關人性，我幾乎一點兒也不瞭解。相比之下，方程對我更重要些，因為政治是為當前，而方程卻是一種永恆的東西。」

每個人都有自己的欲望，都有非常遠大的目標，但是無論什麼時候，我們要做最適合自己的事，而不是做那些最想做的事。很多人想要賺錢，想要掙大錢，所以想著去做那些最能賺錢的工作，可是光去想根本沒有用，關鍵要看你適不適合幹那份工作，你是否能夠幹好那份工作，別人也許可以掙到錢，但是你去做就未必會成功。如果不能準確定位自己，不能從自己的實際情況出發，那麼即便工作再完美，你可能也難以掙到什麼錢。

其實做適合的工作，往往才是真正的賺錢之道，因為這份工作往往最符合你的基本情況，也許符合你的個性，也許能夠激發你的創造性，也許剛好對你的胃口，也許能夠最大限度發揮你的優勢。無論如何，它都可以最大限度地提高你自身的價值，能夠讓你更好地展示自我。這種發揮的餘地其實就能夠創造更多的利益，甚至可以使你的利益最大化。所以做適合自己的事情，其實就是最好的賺錢方法，對你而言，這就是最賺錢的項目。

一九一九年，Elntst Woodruff花費兩百五十萬美元鉅資從「可口可樂之父」Candler的繼承人手中購買了可口可樂公司，當時很多朋友都認為Woodruff瘋了，畢竟他可以用這筆錢投資礦山、鋼鐵、工廠或者股票，而不應該是飲料。Woodruff笑著說：「其他的東西或許更加賺錢，但是可口可樂公司最合我胃口的。」結果可口可樂公司很快發揚光大，成為了世界上最受歡迎的飲料公司，並且一直延續到了今天。

其實，如果當年Woodruff沒有這種魄力和覺悟，那麼他就不可能獲得成功，即便他有可能在其他領域獲得非凡的成就，但是絕對不可能像經營可口可樂公司這樣成功。很多人認為這是機遇，但事實上這樣的機會完全是要靠自己去創造和把握的，是需要自己去做出最合理的抉擇的。

如果說成功能有什麼捷徑的話，那麼做自己最適合做的事情，實際上就是在走捷徑，這意味著你可能不用再去額外地學習新的技能，你不用去花費太多的時間來瞭解和適應自己的新工作，你可能不用花費太多精力來尋找各種資源。最適合你的東西往往是能夠給你帶來最大優勢的東西，這種天然的優勢實際上就是很有價值的資本，是成功的重要保障，也能夠為你帶來更多的財富。

有句話說「隔行如隔山」，如果是自己不擅長或者不瞭解的工作，那麼即便你再出色，再有領導能力，也難以輕易做出什麼出彩的成績，至少你要付出的代價會很大。如果能夠選擇最適合自己的工作來做，那麼實際上等於給自己的成功打下了一個堅實的基礎，你最後獲得成功的機會會大很多，你所能獲得的財富也會多很多。

馬雲也是通過這種理念來打造獨具特色和競爭力的阿里巴巴的，比如馬雲當初選擇Ｂ２Ｂ業務模式，並不是因為這個模式最能賺錢，而是因為當時的它最適合阿里巴巴的模式，包括後來的淘寶和支付寶也是如此。一路走來，馬雲從來沒有刻意去模仿別人的成功，也從來不曾羨慕別人獲得了怎樣的成功，他一直在走自己的路，一直都在尋找最適合自己去走的路。好的專案有很多，優秀的點子也有很多，但最適合阿里巴巴的永遠只有一個，而馬雲最看重的就是這一個。

當eBay在Ｃ２Ｃ業務上掙了幾億美元的時候，阿里巴巴還是一個收支不平衡的小企業，可是十幾年過去了，阿里巴巴成功登頂，成為了電子商務的老大，這恰恰證明了一句話：最適合自己的，就是最好的，也就是最賺錢的。

# 5 不在於你做了多少，而是你做了什麼

「世界上很多非常聰明並且受過高等教育的人無法成功，就是因為他們從小就受到了錯誤的教育，他們養成了勤勞的惡習。很多人都記得愛迪生說的那句話吧：『天才就是百分之九十九的汗水加上百分之一的靈感。』並且被這句話誤導了一生。勤勤懇懇地奮鬥，最終卻碌碌無為。其實愛迪生是因為懶得想他成功的真正原因，所以就編了這句話來誤導我們。」

——馬雲

關於工作，常常要提到一個詞「效率」，如何讓自己的工作更有效率呢？第一就是把握方向，方向正確了，後面的工作也就有了路線和座標，辦事也就會更加方便一些。第二就是要把握重點，要找到更容易獲得成功的方法，只有掐住了那些最關鍵的點，工作才能事半功倍。

對於成功，哥倫布曾經有過一個形象的比喻，他認為發現新大陸就像是將雞蛋立在桌子上一樣，很多人都無法成功，而他所做的其實只是將雞蛋一端的殼敲碎了，然後就獲得了成功。很多

時候，我們沒有突破自己的思維，認為做得多就理所應當地收穫更多回報，可是辦事方法不對，最終結果也就不盡如人意。其實，一個人無論做什麼，最重要的是堅持用最有效的方法去做，否則即使每日苦想苦幹，也是很難出成績的，因為成功不在於你做了多少，而在於你做了什麼，你的方法比別人更好，比別人更具特色和競爭力，你自然也就會更加成功。

馬雲其實也是一個非常勤奮的人，但是他從來不迷信勤奮，在他看來成功不僅僅依靠汗水，而要靠頭腦。他非常敬佩微軟總裁比爾・蓋茨，在他看來蓋茨是一個很講究辦事效率的人，當別人都在依靠讀書來提升自己的社會價值時，蓋茨選擇退學，直接從工作入手；當別人都在死記硬背那些DOS命令來操作電腦時，蓋茨懶得去浪費時間而編寫了介面程式，結果全世界那麼多辛苦搞電腦的人最終都成了員工，而蓋茨卻成了首富。

馬雲希望自己成為像蓋茨那樣成功的人，他常常提醒自己，一定要弄清楚自己擁有什麼，想要什麼，明白自己該放棄什麼，該做什麼。事實上，馬雲一直就是這樣要求自己的，比如很多人都會說英語，但是大多數人都是死背英語書，或者通過磁帶來提高口語能力，而馬雲卻主動和外國人交流，這樣效果要更好。而在創業之前，他曾經是非常優秀的英語老師，甚至在一九九五年被評為杭州市十大傑出教師。但是馬雲卻從英語中尋找到更多的商機，於是他果斷辭職，並成立了海博翻譯社。因為那時候翻譯社很少，而杭州更是沒有，第一個吃螃蟹的人自然也就容易成為第一個成功的人。

而當翻譯社越來越紅火時，馬雲發現了互聯網潛在的巨大市場價值，於是又改行做起了阿里巴巴。當時互聯網上也有一些競爭者，國內有很多同行，國外則有一些電子商務巨頭虎視眈眈。當時國外的電子商務主要為百分之二十的大型企業和跨國公司服務，國內的同行也有意向這方面發展。馬雲決定獨闢蹊徑，將側重點放在百分之八十的中小型企業上，結果馬雲成為這一行業的領軍人物。實際上，馬雲並不見得比其他競爭對手更加勤奮努力、比其他對手做得更多，關鍵在於他選擇了一個更為有效的發展模式，他嘗試了別人從未去做的那些事，所以他比其他人更加成功。

馬雲提倡的「懶文化」不是在教人耍懶，他的重點在於：「懶不是傻懶，如果你想少幹就要想出懶的方法。要懶出風格，懶出境界。像我從小就懶，連長肉都懶得長，這就是境界。」有時候在一個模式裡兢兢業業，看似勤奮，實則是浪費生命的表現。一個人要想出頭，適當「偷懶」思考一下接下來要如何改變現狀，是必要的。

# 6 不以出身論英雄，拚的就是實力

「世界上最不可靠的就是關係。沒有背景怎麼辦？難道就因此認同自己不行了嗎？沒有背景，可以去創造背景！」

——馬雲

很多年輕人喜歡抱怨自己的出身不好，沒有一個富爸爸或者官爺爺。說到這個，馬雲最有發言權了：在馬雲創業之初，除了夢想，幾乎一無所有。沒有錢，沒有家庭背景，也沒有社會關係。可以說，馬雲是最典型的草根代表。

一九六四年十月十五日，馬雲出生在浙江杭州西子湖畔的一個普通人家，父母都是半文盲，家中有三個孩子。馬雲很小的時候，父親常帶他去看戲，據媒體報導，馬雲小時候受父親影響還曾上台表演過相聲。

不過，馬雲顯然對父親的那一套不是很感興趣，多年後他自己坦言：「我對戲裡的唱腔絲毫不感興趣，倒是對武生們在台上的好身手佩服不已，於是學起散打和太極拳來。」

據馬雲說，他父親脾氣很壞，童年的他是在父親的拳腳下度過的。

有一次，他跟人打架，鼻子被打歪了，鮮血直流，對方家長反而鬧到他家裡，父親百般替他賠禮道歉。等人家走後，父親把他拉到一旁，氣得說不出話。當時，身邊正好有一根掃帚，父親操起來準備打他一頓，然而又放下了，他重重地歎了口氣說，「你知道錯了嗎？」

馬雲心裡非常委屈，不服氣，就說：「沒錯！」兩個人說著竟然吵起架來。他知道父親不認識字，也沒學過英語，他就用英語跟父親吵架。

面對他的無禮，父親並沒生氣，反而大笑，摸了摸他的腦袋，說：「既然你能用英語跟我吵架，那麼，以後就請你認真學好英語。你學好了英語，我就不打你了。」為了提高英語水準，馬雲每天上街找外國人對話。

從初中到高中，馬雲其他各科成績都很一般，唯有英語，幾乎包攬了大小英語考試的年級第一名。但是光英語好沒什麼用，總成績低就無法上大學，再加上他還是那麼愛惹事，父子間的關係一直沒有好轉，父子吵架愈演愈烈，後來發展到一點瑣事也會吵架。

成功後的馬雲不忘當年跟父親吵架時的情景，他說：「每一次，我們都吵得很激烈，誰也不能說服誰，最後自然都是我贏了，因為我父親根本就聽不懂英語。」

成功人士都有一個共同的特徵，就是比起記仇，他們更善於感恩，更喜歡記住別人的好。馬雲雖然對父親的打罵有印象，但是他對於父親的好更是記憶猶新。

馬雲的媽媽曾經對調皮的兒子有過放棄的念頭，她還勸過老伴：「孩子天生就這樣了，你就別對他要求太多了！」

馬雲的父親卻說：「每個人都會有各種各樣的不足或缺點，但是每個人都會有閃光點，我只是用最適合他的方式教育他，挖掘出他的閃光點。」

馬雲的英語就是在父親的「非常」鼓勵下練就的。當然，父親對他的影響還不止於此。

馬雲第一次高考落榜之後，陷入了人生低谷。父親並沒有強迫他去讀書，而是托關係給他找了一個蹬三輪車送貨的工作。

馬雲上了幾天班，累得受不住了，回到家沒事找事和父親吵架，父親反而沉默以對。馬雲討了個沒趣，第二天一大早就羞愧地出門幹活了。

終於等他不叫苦連天的時候，父親才找了一個合適的時機跟他說：「你每天蹬三輪車二十多千米路來來回回都不怕累，既然連蹬三輪車的苦都能吃，為什麼吃不了讀書的苦呢？為什麼就不能再給自己一次機會呢？」至此，馬雲才明白了父親的良苦用心。父親的話讓他下了決心：參加第二次高考！而他的命運也自此改變。

馬雲就是這樣一個出身普通家庭的平凡人。但是他從來沒有抱怨過自己的出身問題，他覺得沒有高貴華麗的背景反而是好事，可以逼著自己去奮鬥，去創造出「背景」來。

馬雲在卸任CEO的演講中說：「工業時代是論資排輩，永遠需要有一個富爸爸，但是今天我們沒有，我們擁有的就是堅持和理想。」

生活中，有一些人總是抱怨他們沒有一個好的出身，沒有顯赫的家世。但是我們的出身從出生的那一刻起就被定格了，抱怨出身對於自己未來的命運毫無幫助。

事實上，可以決定我們人生的只有我們自己，只要我們相信自己，無論命運如何、出身如何，機會總是會出現的。

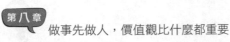

# 7 一蹴而就的成功，那只是神奇的傳說

「聽說過捕龍蝦致富的，沒聽說過捕鯨致富的。」

——馬雲

時至今日，馬雲雖然已經獲得了事業上的成功，可他依舊很謙虛，他常說：「一個人認為自己很成功的時候，也是開始走向失敗的時候。」

在外界看來，阿里巴巴是一個很成功的企業，但在馬雲的眼中，阿里巴巴卻有著不少內憂外患。他從來不認為自己的成功是一蹴而就的，他常說：「我覺得公司危機很大，要不我怎麼可能這五年來沒有重過一斤肉，而且現在越來越瘦呢？」馬雲有點調侃地說，「我以前想公司大點可能自己就輕鬆了，現在發覺公司越大越累，CEO天天想的就是公司的危機在哪裡。」

馬雲認為，阿里巴巴的內部危機在於電子商務正在高速發展，在未來幾年也許會出現井噴現象，他擔心的是，阿里巴巴是否已經做好準備應對了。馬雲說：「我們員工的平均年齡在三十歲以下，現在已有兩萬多人，我們做的行業已經形成產業鏈了。有的時候會發現行業發展起來了，

但跟我們的企業卻沒什麼關係，因為人家起來了，你反而滑了下去。所以，我非常擔心公司內部的管理能不能迎合網路的發展，我們是否有足夠的人才來解決這些問題。」

對於阿里巴巴外部存在的危機，馬雲認為更大。馬雲分析，現在阿里巴巴和淘寶網越來越強大，這種強大是現階段的強大，這對行業、對公司非常不好，「我提出解決這個問題的方式是建立產業鏈和生態鏈」。為了解決這些危機和難題，阿里巴巴的高管一直在研討這些問題並企圖找出解決辦法。

「第一，要相信自己的理想；第二，要堅持；第三，邊工作邊學習，要是停止學習就會走向失敗；第四，做正確的事和正確地做事。首先要選擇正確的方向，如果方向錯了，做得越快死得越快，我現在感覺很幸運，阿里巴巴選擇了電子商務這麼一個正確的方向。」馬雲如是說道。

儘管經營企業遇到危機和難題，但馬雲認為，只要堅持自己的信念和夢想，並且用科學的方法去管理，企業總會一天天長大。馬雲在如此成功之後，仍然具有憂患意識和如此的上進心，可見他的成功絕不是一步登天的，他是一步步腳踏實地、穩紮穩打獲得成功的。

如馬雲一般，每個人的人生路上，可能會春風得意，也可能會坎坷不平。無論如何，我們都要堅持走下去。榮耀也好，屈辱也罷，我們都要以平和的心態去面對，要少一些無奈感慨，多一份從容淡然。

人們常說，對目標的執著追求可以去高就，但是做事情的時候心態一定要低就。人只有經歷了挫折、拒絕、打擊、折磨和否定，才能讓自己的內心變得更加強大。所以，我們要把心態放

平，即使面對無奈的現實，也要做到內心強大。

簡單來說，把心態放平，就是做人要有理想，但不要過於理想化；把心態放平，就是要先調整自己的心情，再解決事情；把心態放平，關鍵就是要有勇氣做你自己。俗話說：一口吃不成胖子。凡是那些令人矚目的成就，沒有哪個是一夜之間取得的；成功者若沒有經過長時間的積累，是不可能獲得「登天」的成績的。

有一位年輕的畫家剛出道時，三年也沒有賣出去一幅畫，生活窘迫的他感到很苦惱。於是，他便去求助一位全國知名的老畫家。

在老畫家的家裡，年輕畫家將自己的苦惱向老畫家傾吐了出來，他說為什麼整整三年了自己居然連一幅畫都賣不出去。

那位老畫家並不吃驚，反而問他的一幅畫大概需要多少時間完成，年輕人的回答是大概一兩天，最多不超過三天。

老畫家語重心長地對他說：「年輕人，其實我也是像你這樣的啊！不過是把時間顛倒過來罷了。我用三年的時間去畫一幅畫，當畫好了以後，不到三天就賣出去了。你那方法不行，要不就試試我的方法吧！」

年輕畫家聽了老藝術家的話，有所感悟，匆匆道謝離開了。最終他成功了，他的畫變得異常搶手。

顯然，馬雲和年輕畫家的成功都不是一蹴而就的，只有那些靜下心來應對長時間的苦難與挫折的人，才能夠繩鋸木斷、滴水穿石，最終取得成功。

也許生命真的是一個奇蹟，從來沒有不勞而獲的事情，也沒有一步登天的神話。任何讓人羨慕的成就，都需要經歷漫長的等待和付出，如同蝴蝶破繭一樣，誰沒有體會過如蝶蛹般的疼痛和無助呢？

也許那些一步登天的人最開始都是無人知曉，更是無人喝彩的，他們只有自己給自己打氣，在漫長的等待與煎熬中長成了一棵參天大樹，然後才會被路過的人發現。真的，那些看似「一步登天」的人靠的不是運氣，只是在漫長的努力過程中默默無聞罷了。

# 首富馬雲：
# 為什麼考10名左右的孩子容易成功

作者：鄭陽
發行人：陳曉林
出版所：風雲時代出版股份有限公司
地址：10576台北市民生東路五段178號7樓之3
電話：(02) 2756-0949
傳真：(02) 2765-3799
執行主編：劉宇青
美術設計：許惠芳
行銷企劃：林安莉
業務總監：張瑋鳳

初版日期：2020年3月
版權授權：馬峰
ISBN ：978-986-352-803-6
風雲書網：http://www.eastbooks.com.tw
官方部落格：http://eastbooks.pixnet.net/blog
Facebook：http://www.facebook.com/h7560949
E-mail：h7560949@ms15.hinet.net
劃撥帳號：12043291
戶名：風雲時代出版股份有限公司
風雲發行所：33373桃園市龜山區公西村2鄰復興街304巷96號
電話：(03) 318-1378
傳真：(03) 318-1378
法律顧問：永然法律事務所 李永然律師
北辰著作權事務所 蕭雄淋律師

行政院新聞局局版台業字第3595號 營利事業統一編號22759935


**定價：280元**


國家圖書館出版品預行編目資料

首富馬雲：為什麼考10名左右的孩子容易成功 ／鄭 陽 著.
-- 初版. -- 臺北市：風雲時代，2020.02- 面；公分

ISBN 978-986-352-803-6（平裝）

1.自我實現 2.成功法

177.2 108022948